瓶颈理论打破企业管理固有旧思维，企业管理变革是亘古不变的命题
TOC核心五步骤逻辑严密，简单、明晰、有效……助力企业改善业绩

企业管理聚焦五步骤

仲杰 著

企业管理出版社
ENTERPRISE MANAGEMENT PUBLISHING HOUSE

前言

大胆改善谋发展，全面突破绘新景

当下，很多企业面临着很多棘手的问题。

在产品方面，多数行业的产品仍很低端，产品的利润越来越低，融资平台少、成本高，一些领域开始出现产能严重过剩、产品同质化严重的现象。如果我们没有为这些过剩的产能找到出路，根据市场的自由选择原理，一定会有相关的企业倒闭。

在用人方面，"廉价劳动力"这个词已远离我们，员工收入的不断增加和用工荒的出现，给那些低附加值的企业敲响了警钟。现在，"70后"和"80后"成为企业的中坚力量，他们对幸福指数的要求较高，低工资、恶劣的工作环境和缺乏发展前景的工作备受他们"嫌弃"。而中小民营企业，尤其是小型企业，他们给员工提供的薪酬和物质保障非常有限，这样一来，人力资源将成为瓶颈资源，人才的招聘和培养难等问题广泛存在。

在市场竞争方面，很多企业的技术研发、售后服务基本为零。这些企业即使想进行管理升级，想进行技术研发，想进行品牌经营，想进行优秀的售后服务都很难，因为他们没有足够的市场，没有足够的经营资源，没有足够的融资能力。在这种情况下，多数企业选择了放缓投资，或者转向其他行业投资，最终导致大量的企业不得不选择停止发展。

为什么会出现上述的这些情况？对于我们的企业来讲，将如何生存和发展呢？

面对上面讲的问题，我们要好好想想：什么样的发展目标才是切合市场发展的呢？很多企业是依靠不断复制的方式壮大的，但是，在壮大的过程中，企业的价值创造能力并没有得到太大的提升，他们只是扩大了规模，却没有提高利润率。如果企业不以做事业为目标，依靠恶劣的成本挤压，通过价格战进行恶性竞争，从而影响到整个行业的健康发展，那么，就会让一些以做事业为目标的企业心灰意冷地放弃产品升级，放弃管理升级，放弃品牌营销建设。不过，这种众多经营风险加剧的情况是挑战，也是机遇。我们知道，经济过热的情况一定会导致产能过剩，这种过剩的产能主要来源于复制的增加，而这正是进行经济结构调整的最好时期。这个时候，能让一部分经营能力差的企业淘汰出局，而经营能力强的企业依靠自身过硬的营销能力、产品创新研发能力、采购成本管控能力、生产管控能力、售后服务能力、融资和财务管控能力、人才培养与团队管控能力等，不断地击败竞争对手；然后，通过"吸纳"淘汰的企业所释放出来的市场容量，从而不断地使自己强大起来。此外，很多企业，尤其是制造业，应该注重生产工艺的不断优化和标准化，从而提升自己产品的水平。但很可惜的是，我们大多数的企业，尤其是中小企业，在多年的发展道路上，根本没有做这件事情，这也就是为什么一家有十几年历史的企业，其管理和技术工艺标准基本和新建立的企业没什么区别的原因。对这个最有竞争力的能力，大多数企业都没有进行修炼。其实，他们本可以不在一个竞争层面进行竞争的，但是，现在却显得那么无奈，这又能怨谁呢？随着科技的进步，很多新发明的先进技术也会很快被复制和超越，面对这种状况，企业只能提升技术研发效率，别无他法。

一般而言，大多数企业虽然认识到自己在经营管理方面存在问题，却不会因此而急迫地寻求改变，因为他们认为自己所拥有的市场份额，别人要想得到绝非易事，为此没有什么好着急的，只要市场没有出现大的变动就行了。但是，"互联网+"时代的到来已经打破了这种局面，会让市场资源得到最有效的利用。"互联网+"是未来发展的一大趋势，由于很多企业都借助网络将自己的服务和产品推向市场，那么，通过网络就会形成各种资源的服务平台，企业就可以通过网络快速获得信息，从而进行各种资源的有效组合。各种资源的寻找和组合将更加快捷，透明、全面、公平是其最大的特点。

总而言之，我们经营企业的发展目标绝不应是单纯的总量增加，而是质的改变。我们要静下心来，对自己的价值创造链进行系统分析，从而进行有效的改善，持续提升企业的价值创造力和竞争力，增加利润空间，最终实现企业的健康、持续发展。

2017 年 1 月 1 日

目　录

前　言　大胆改善谋发展，全面突破绘新景

第一篇　企业的生命特质——系统特性

第一章　如何构建完善的企业系统
　　第一节　确立统一目标 ·································· 005
　　第二节　构建实现目标的平台 ·························· 010
　　第三节　选择合理的运营模式 ·························· 016
　　第四节　优化工作流程 ·································· 022

第二章　企业系统的数据管理
　　第一节　常用的企业管理数据 ·························· 035
　　第二节　数据中的核心竞争力 ·························· 041

第三章　观念瓶颈的突破
　　第一节　系统观 ··· 059
　　第二节　有效产出观 ···································· 064
　　第三节　逻辑观 ··· 069
　　第四节　动态调整观 ···································· 075

第二篇　突破企业发展瓶颈——聚焦五步骤

第一章　企业经营目标的管理
　　第一节　持续改善是卓越企业的必经之路 …………… 083
　　第二节　如何制定改善方案 …………………………… 091

第二章　聚焦五步骤，实现企业持续改善
　　第一节　使用聚焦五步骤的注意事项 ………………… 105
　　第二节　聚焦五步骤详解 ……………………………… 108

第一篇

企业的生命特质——系统特性

第一章
如何构建完善的企业系统

> 何为系统？中国著名科学家、学者钱学森认为：系统是由相互作用、相互依赖的若干组成部分结合而成的具有特定功能的有机整体，而且，这个有机整体又是它从属的更大系统的组成部分。

本章导读

第一节　确立统一目标
第二节　构建实现目标的平台
第三节　选择合理的运营模式
第四节　优化工作流程

第一节　确立统一目标

一、企业的目标是什么

我们首先要弄明白企业的目标是什么，这是统一一个企业的经营目标的一个非常重要的大前提。企业的一切经营目标都应以此为原则制定，脱离了这个大前提，企业就将出现系统混乱的现象。那么，企业的目标是什么呢？其实，企业家在创建企业之初非常清楚企业的目标是什么，只是在不断的商场厮杀中，随着客户需求的不断引导和外来信息的影响，致使他们逐渐忽略了企业的最初目标。实际上，企业的目标一直都是赚钱，它从来都不会脱离这个目标而发生改变。

二、错误的决策来源于过时的经验参考

很多企业以生产效率的提升或者以成本的降低、销售额的提升作为企业的经营目标，其实，这些对于企业来讲，确实都可以帮助企业提升赚钱的能力，但是，企业的终极目标是赚钱，一切经营目标都要以赚钱作为衡量标准。管理者们之所以认为降低了成本、提升了质量、改善了设备自动化水平等就等于让企业多赚钱了，一个重要原因就是他们的假

设前提存在问题。人们在作出选择的时候，往往是以某个所谓的经验、现象为参照。这种传统的决策方式本身就是错误的，因为经验、现象是有时间效应的，在过去固定的某个时间段，它是正确的。但是，随着时间的推移，一切经验、现象都将成为过去，它们无法作为现阶段企业作决策的参考依据。

案例分享1：先进的设备可以提升企业的赚钱能力

在广东东莞有一家生产拖拉机零部件的企业，这家企业的主要客户是国内一家著名的农用机生产企业和一些外资出口企业。该企业已有14年的历史，在国内经济快速发展的年代，他们借助市场的快速发展，从一家只有十几个人的小作坊发展成为一家有一百多人的现代化企业。随着生产工艺的不断扩展，很多特殊工艺的加工在该企业都可以实现。

随着产能的严重过剩，再加上一些客户的经营业绩下降，导致该企业的订单不断减少，甚至一些客户被竞争对手抢去，而人工成本不断增加，价格战带来的结果——利润也不断降低。面对这种情况，该企业希望能够提升自身的营销能力。但是，由于这家企业根本没有注重对营销团队的打造，也没有一个系统的营销管理体系，导致整个企业的营销主要依靠企业的创始人和营销副总经理来完成。面对生存和发展的形势越来越严峻，这两位企业唯一的营销人员也无能为力。于是，企业从社会上招聘大量的营销人员。该企业的营销人员最多的时候有四十多人。

一家有着一百六十多人的企业，竟然有四十多人的营销团队，必然导致营销成本的增加。最悲惨的是，这些营销人员创造的业绩非常低，但该企业依然希望能够通过高于行业的工资标准将他们留住。没想到使得一小部分营销人员产生了惰性，另外的大多数营销人员还是离开了这家企业。最后，该企业决定到银行进行贷款，对设备进行现代化的更换，从而降低生产线的人工成本。结果，该企业通过更换设备，使生产线节约人力二十多人。但是，他们为此每个月多支出一百多万元的银行利息。最终，造成流动资金不足。市场依然在不断地变化，该企业的营销依然跟不上市场的变化。

先进的设备可以提升企业的赚钱能力

当被问到为什么要更新和升级设备时，该企业的总经理回答说：当年他们的企业之所以能够在价格高于别人的情况下接到大量的订单，就是因为客户看中了他们在设备上的优势。

企业的经营目标是赚钱，上述案例中的企业为了实现这个目标，决定通过改善营销能力、降低成本的方法提升企业的经营业绩，这从表面上看是不存在任何问题的。但是，这家企业的做法是完全错误的，因为影响他们赚钱的关键问题不是成本，而是企业的营销能力不能跟上市场及时代的要求。该企业购买新设备更是一个错误的决策，因为企业的核心问题不是设备影响了企业的赚钱能力，而是企业的营销能力不高，不能够利用企业的优势资源抢到优质的客户资源。归根结底，企业的问题是营销能力无法满足企业的发展需要。凭借着过去的经验作出的决策往往会在战略上误导企业，这种错误给企业带来的伤害往往也是致命的。战略一旦错误，企业很有可能将会万劫不复。

三、准确制定企业的经营目标

企业的经营目标其实就是企业的年度战略目标，很多大中型企业都很重视战略目标的制定和实施。小微型企业由于在市场中极为渺小，经营受市场影响较大，所以，他们往往忽视了对经营目标的战略管理。其实，小微型企业的经营战略同样异常重要，他们与大中型企业相比，最大的优势就是经营灵活，并能够随时调整经营战略。我这里指的是对实施方法应灵活对待，而不是在战略实施的过程中，遇到问题了就直接把目标改掉。目标一旦制定，就不可以随意改变，这是战略目标管理的原则，企业只能对实施方法进行修改。当目标确定下来后，除非这个目标确实存在严重问题，企业可以聚集高管对其进行修改。否则，企业制定好目标后，接下来要做的只有坚决执行。

企业的经营目标是以企业的终极目标为基础制定的，那么，企业就需要对自身的经营情况进行分析，以未来市场的变化为对象，分析企业的哪些资源不能够满足市场的需要。比如，企业的市场营销能力、生产供应能力、研发设计能力、生产工艺技术支持能力、团队组织管控能力、资金及运营成本管理能力等。首先，企业制定出目标的净利润额；然后，参照未来市场的需要，对以上不足的地方制定出改善的方案。这样一来，企业的经营目标就制定出来了，具体的制定方法我们在后边的章节中会进行详细的讲解。

第二节　构建实现目标的平台

一、对企业经营目标的管控

当企业的经营目标只有董事长、总经理等部分高管知道，那么，这个经营目标本身是没有太大的意义，这个经营目标应该进入到企业的年会、月会、各部门的工作指标和每个员工的绩效考核管理中。

企业制定出一个准确的经营目标，本身就有难度，因为很多企业都只在年底才按照常规流程性地进行年度总结。然后，根据高层管理人员的判断，制定出企业未来一年的经营目标及战略规划。当然，有很多企业连这些都没有做。当企业制定出经营目标后，就一定要根据目标的需要，对企业的组织架构、权限划分、定岗定编、部门职能、岗位职责、绩效考核方案等进行有针对性的修改，甚至要制定出额外的奖罚机制，来推动目标的实现。这些调整就是对企业的人力资源管理系统的一次"修缮"。

二、调整人力资源体系，完成平台的构建

企业为什么要重新修订组织架构呢？这个要根据企业的实际情况和经营

目标而定。如果企业的经营目标侧重于对某项职能的提升，而对企业已有的某项职能给予保持，甚至对一些职能进行淘汰，这个时候，企业就要从组织架构上对需要重视的部分给予调整。例如，当企业需要提升人力资源和组织团队的能力，那么，企业就可以将人力资源部门从行政部门中独立出来，并由总经理直属管理。又如，当企业需要提升技术研发能力时，就可以重新设立技术研发中心，并由总经理直属管理。当然，研发工作前期可以让技术部兼职，然后，通过增加人员招聘和培养的方法，从而复制出技术研发中心自己的团队。

企业为什么要重新进行权限划分？这也是根据企业的实际情况而定的。对于需要突出的职能，要给予其特殊的人、财、物分配，从而提升工作效率，也有利于企业内部的互相协作。

企业为什么要进行定岗、定编修改呢？企业这个团队是为了某个经营目标而存在的，当新的经营目标出现的时候，那么，对于各职能岗位和部门的人员配置就需要按照当前目标的需要重新进行审核和修改。

企业为什么要对部门职能和岗位职责进行修改呢？因为当企业的经营目标制定出来后，企业在经营过程中的一些工作量就会增加或发生改变。这个时候，企业就需要设立新的岗位，或者对旧的一些岗位进行工作内容的调整，从而使工作流程更加顺畅，人员更加专业化，使工作结果更有保证。

绩效考核管理内容是在上述内容按照次序修改完成后才进行修改的。绩效考核管理是为了让大家能够更有激情、更愿意实现工作结果而设计的。所以，当经营目标改变了，个别工作结果也要发生改变，这个时候，绩效考核管理也要有所调整。

经营目标的实施方案及战略规划一定要责任到人、责任可量化、责任到时间。战略规划中的各项事务要有专门的负责人、审核人，并且，要明确时间节点和每个时间节点要拿出什么样的结果，这个结果也要量化。

三、人才的培养和选拔

构成企业的资源有人力资源、市场资源、设备和厂房资源、技术资源、原材料资源、资金资源、信息资源。企业是由这七项资源组成的，而最核心的资源是人力资源。中国有一句俗语——只要人在，失去的早晚会找回来；一旦人没有，那就什么都没有了。人才是组成高效团队的基础，没有一个高效的团队，企业就永远拿不到自己想要的结果。可见，人力资源建设是一个企业的关键。那么，什么样的人力资源体系才是最好的呢？当然是能够完成企业经营目标的人力资源体系才是最好的。如果没能实现目标，即使团队的文化水平再高，团队凝聚力再强，对于企业的意义都不大。因为市场要结果，企业必须能够拿出结果。否则，市场会给企业一个不想看到的结局。所以，企业对员工的考核管理就必须按照企业的经营目标而制定。对于人才的选拔，也要以企业的经营目标来进行，好的人才不一定是企业所需要的，适合企业的人才是企业所需要的。

企业还要定期对员工进行培训。很多管理人员认为，我给员工付工资，他就要把工作做好，我没有义务对其进行培训。其实，企业自己的团队还是需要自己来培养。因为愿不愿意为实现工作结果而坚持付出只是一方面，更重要的是，员工是否有能力做好工作。

案例分享2：有想法，没结果

在山西有一家工程设备生产企业，这家企业有十多年的经营历史，随着行业的飞速发展，该企业最后发展成为当地的一家"明星企业"，在当地同行中影响力很大，该企业的董事长也是该地区行业协会的会长。

随着产品同质化和产能过剩的现象越来越严重，该企业的利润开始锐减，生存压力越来越大。但是，他们依然沉浸在过去的辉煌中。与该企业的管理人员沟通的过程中，很多管理人员都问了我同一个问题，那就是他们什么时候能够回到过去那个状态。可见，他们是多么怀念曾经的美好日

第一篇　企业的生命特质——系统特性

有想法，没结果

子。他们告诉我，他们公司过去是当地经营得最好的企业，他们的薪资待遇也是当地最高的，很多人都希望能够进入他们的企业，甚至不惜托各种关系。当地政府也把他们的企业作为当地的企业典范，推举他们的董事长担任一些社会职务。没想到在短短的几年时间里，外来的和本地的竞争对手却不断地增多，当该企业的利润开始下滑的时候，他们如梦初醒，这才开始重新审视自己的企业。他们发现身边的其他企业都已经做大、做强了，而他们这些年来却发展缓慢。这时，有两条路供他们选择：一是请专业的咨询公司帮助企业进行深度的改革；二是聘请一些高水平的管理人员担任企业的高级管理人员。

由于该企业地处山西偏远地区，能够招聘来的人才有限，即便这样，最后，该企业还是不惜重金，招聘了一批年轻的管理人才。可惜，由于新、旧思想的对抗，以及变革必然带来的阵痛期，导致大量的新、旧管理人员流失。后来，该企业的董事长认为：有些年轻人太过轻狂，且不堪重用，于是招聘了一位曾服务于某国企的离退休干部……该企业就这样不断地寻找着认为适合自己的人才，但是，依然是想法很多，但没有结果。没有一种想法在该企业能落实下去，反而把企业整改出各种乱象。例如，企业要导入绩效管理，员工工资要增加绩效考核内容，由于企业虽经营多年，但形成的工作标准和管理数据很少。再加上绩效考核的方法又存在极大的错误，导致最终形成了一个非常畸形的绩效考核方案。企业的每个员工都把原工资的50%作为绩效工资，这其中也包括公司的门卫及所有人员，他们以此彰显平等。最重要的是，大家的考核内容竟然基本一样，由企业的月度销售目标、考勤和上级对下级打分三部分内容组成。我还清楚地记得他们的门卫曾向我抱怨自己怎么影响得了销售业绩的情景。

该企业对员工采用打分的方式，所有管理人员都是由董事长一人进行打分。由于董事长的精力有限，于是，该企业设立了督查办协助董事长，对所有人员的工作进行随机检查。董事长又担心督查办不能很好地尽职尽责，于是，扩编了审计部，由审计部协助自己对督查办的各项工作进行审核。凡是发现工作状况不好的员工，董事长就会责令对其进行调任或开除，对于董事长认为较好的员工也会给予晋升。该企业就是这样选拔和培养人才的，结果，企业中到处都蔓延着斗争和压抑情绪。

第三节　选择合理的运营模式

什么是企业管理？企业管理是指管理主体组织并利用其各个要素（人、财、物、信息和时空），借助管理手段，完成该企业目标的过程。如果想提升一个团队的工作效率，计划管理是其中非常重要的一项内容。那么，计划管理要实现什么样的结果呢？首先，实现每个员工的工作节拍的统一；其次，实现每个员工的工作结果与目标的统一；最后，实现职责与人员的统一。

一、考核员工的工作成果

企业要想考核员工的工作成果，一般有两种方法：一种就是通过财务管理来实现，另一种是通过工作计划及结果考核来实现。

通过财务管理来实现的方法主要聚焦于对员工工作结果的价值衡量，从而在企业内部形成一些独立的单位经营体。这些独立的单位经营体为了实现自己的价值而努力工作，最终实现个人能力的持续提升以及企业的价值创造。由于这些独立的单位经营体无法实现与企业、客户的直接交易，只是模拟企业内部的客户进行交易，所以，导致衡量和核算较为复杂。对于那些管理基础薄弱的企业来讲，这种管理模式本身也会增加一部分工作量，会增加企业的经营成本。

通过工作计划及结果考核来实现的方法主要聚焦于对工作结果的跟踪考量。这里的工作结果是根据每个岗位而定的，绝不是因人而定的。根据企业现阶段的经营目标和各岗位的职责内容，制定出每个岗位需要给出的工作结果；然后，对工作结果进行督促和检查，以确保每个人的工作能按时完成。对于这种方法，我比较推崇周报、周计划的管理模式，这种管理模式对于企业的要求较低，但管理效果非常好。

案例分享3：不能盲目效仿"阿米巴"管理模式

在广东佛山有一家生产注塑机的制造企业，他们的经营状况较好，虽然他们的生产设备属于普通设备，并且，同质化严重，但该企业通过优质的售后服务取得了很多老客户的认同。

在行业走下坡路的现阶段，该企业意识到自身处于发展停滞的状态，企业需要进行二次创业，进行管理改革，从而走出经营的低谷。于是，该企业组织员工出去参加很多机构组织的课程学习。最后，他们对"阿米巴"管理模式产生了极大的兴趣。于是，企业决定导入"阿米巴"管理模式。为了能够成功导入"阿米巴"管理模式，企业给管理人员每人发了5本关于介绍"阿米巴"管理模式的书籍，并且，与"阿米巴"管理模式的培训机构签订了长期合作协议，将企业的所有管理人员都送去培训学习。最后，该企业在董事长的带领下，轰轰烈烈地展开了"阿米巴"管理模式的导入活动。在核实定价环节，他们以部门为单元进行定价，从而进行企业内部的虚拟经营。部门与部门之间充当各自的客户和供应商，各部门为了最终有个较好的表现，都拼命加大各自的定价。鉴于采购和生产等部门的无理加价，销售人员则必须对产品进行适当的提价。在行业走下坡路的状态下，该企业产品的同质化现象又极其严重，很多客户自然不会因为该企业导入了"阿米巴"管理模式就愿意多花钱。最后，很多客户轻易就被竞争对手抢走了，该企业因此受到极大的损失。

"阿米巴"管理模式是好的，但是，我们也要对其深入了解后，根据企业的实际情况，有计划地进行导入，盲目地一刀切最后受伤的只能是自己。

不能盲目效仿"阿米巴"管理模式

1. 广东佛山××注塑机生产企业老总：好！你们的售后服务做得非常好，我们愿意跟你们长期合作！

2. 企业向往先进管理模式，偶然了解到"阿米巴"管理模式，为了能成功导入，花重金让全员学习。（阿米巴培训机构）

3. "阿米巴"项目启动大会 ××企业

4. 客户：为什么？ 企业的销售员：我们要加价30%。

5. 加价原因：
供应商 —原价→ 采购 —采购利润+10%→ 制造部门 —制造+10%利润→ 营销 —营销利润+10%→ 其他部门（人力资源部、行政部、售后服务部等）—利润+10%→ 客户

※企业希望实现各部门的独立经营核算，以此进行考核。由于企业管理基础数据不足，导致无法科学定价，各部门为了考核合格纷纷调大定价额度，导致产品销售价格的提升。

二、提升职业素养

什么是职业素养呢？简单地讲，就是专业、道德、热爱。专业：从事该项工作的人必须具备该项工作所需的知识和技能。道德：从事该项工作的人必须遵守岗位禁忌。热爱：职业不只是一个人的谋生手段，它更是一件有意义、有价值的事，是生活乐趣中的一部分。

当产品同质化已经成为普遍现象的时候，市场竞争就会转向。企业为客户提供专业化的产品或服务，这种专业化就是超越竞争对手、获取利润的本钱，而企业要想提升专业化的服务水平，就需要拥有一支专业化的团队。如何实现专业化的团队建设呢？就需要不断地优化企业的人力资源管理体系，重视培养人才的战略规划。

专业化团队的建设之路较为漫长，但我们只需要铭记一点：只要超过竞争对手一点，就足以战胜对方；只有持续不断地完善自己，才能始终立于不败之地。越是需要时间打造的能力，越是企业值得骄傲的能力，越是让竞争对手望而生叹的能力。

三、任何人都必须遵守制度

如何激发一个团队的工作热情呢？很多企业家认为，金钱是万能的，它可以帮助企业实现这个目标。但是，很多成功的企业给职员的工资待遇也没有比同行业的小规模的企业多多少，甚至还比他们给的少。其实，物质激励不是越多越好，比物质激励更重要的是——企业对所有的员工要公平。当一个人得到的物质奖励和身边的人一样的时候，他最关心的不是自己这次所得比上一次多出多少，或者下一次要获得多少，而是为什么另外那个人拿的和我一样多。企业要做到公平的考核管理，为员工提供平等的工作环境，就需要在整个管理体系上多加研究。很可惜，这个世界上没有绝对的公平和平等，所谓的公平和平等也只是相对而言。那么，如何让员工认可这种相对的公平和平等呢？唯一的办法就是让员工在同一制度下工作，任何人都必须依制度办事，而不能任意超越和践踏制度，即使你是企业的创始人也要遵循这一点，企业的高级管理人员就更应该是企业制度的捍卫者和执行者，因为企业的大多数制度都是由你们制定的。只有这样，才能不枉当时设定制度的初衷。

案例分享4：不要用感情管理代替制度管理

在江苏苏州有一家立体式仓库生产企业，这家企业虽然规模不大，但是，凭借着牢靠的技术优势，经营状况一直都很不错。但是，随着技术同质化的现象日益严重，再加上企业的运营管理出现了问题，该企业也陆续出现了各种各样的问题。该企业的董事长是一个非常慷慨的人，他给员工的工资要比同行业的其他企业高出很多，甚至是同行业同样岗位员工工资的两倍。并且，企业在福利方面更是舍得花钱：每年组织员工两次外出旅游；员工食堂的餐饮更是丰富。到了夏天，企业还为每位员工提供2.5元一支的冰激凌，冰激凌在当时一般都是1元一支。遇到工作旺季，该企业还会拿出大量的奖金来奖励员工。但是，结果却让董事长非常心寒。有一次，为企业提供冰激凌的供应商由于某种原因，未能准备好足够数量的2.5元的冰激凌。于是，他们为每一名员工提供了1.5元的冰激凌。没想到，企业的垃圾箱里出现了很多冰激凌，员工都非常不高兴，认为老板为了多赚钱，拿1.5元的冰激凌糊弄他们。

过去由于该企业的技术水平在行业中非常具有竞争力，所以，企业的经营利润较高。企业在旺季的时候，除了按照国家的要求发放加班工资外，还以万元为单位对各部门进行奖励。可是，由于技术优势不断缩小，市场竞争压力不断升高，该企业的利润已经远不如过去；同时，加班强度也远不如过去，于是，企业缩减了一半额外的资金奖励。没想到，却导致了员工的罢工。

很多企业家喜欢用感情管理代替制度管理，最后发现自己的心被伤害了。导致这样的结果是因为作为管理者的我们没有引导好员工。

不要用感情管理代替制度管理

第四节　优化工作流程

管理的定义就是组织、计划、管控，管控是管理中最后的一个环节，也是最为辛苦的一个环节。企业在按照既定计划完成经营目标的过程中必然存在各种异常，这其中也包括人为造成的错误。如何快速地解决这些异常问题和修改错误呢？

当我们知道想要一个什么样的结果，也知道如何去做的时候，如何保证我们一定能得到自己想要的结果呢？那就需要对过程进行管控。最佳的管理方法不是紧盯着结果，而是将精力放在对过程的管控上。如何高效地进行过程管控呢？通过什么样的手段对过程进行管控呢？我们知道过程往往非常复杂和多元化，整个过程都是由很多的工作点组成，如果我们一一对其进行管控，就会出现人盯人的现象，就会出现一个干活的加上一个监工的，还有一个评价的。很显然，这样做的效率是非常低的。那么，最佳的方法是什么呢？最佳的方法就是通过流程维护来实现对过程的管控，最终实现对结果的管控。

一、构建一个最完美的流程

企业在运行的过程中，一定会出现这样和那样的问题，影响着企业实现经营目标。企业为了解决这些问题，一般会更换出现过失的人员或修改工作流程。如果是因为员工的能力无法胜任该项工作，当然建议企业更换更加合适的人。但是，如果是因为在工作流程中的纰漏导致问题频繁发生，这个时候，我们就需要对流程进行优化。

首先，我们要弄明白什么样的流程是完美的。有人认为没有漏洞的流程是最完美的，也就是问题较少的流程；有人认为能够快速发现问题，并给予解决的流程是最完美的流程……在工作中出现问题一般有三种原因：一是外来因素或者对一些环节有所遗漏；二是工作人员不具备对某项职能的要求；三是人为利用流程漏洞，玩弄小聪明。如果采用换人的方法解决这三种问题，也只能解决掉其中一部分问题。更多的还是依靠流程的严谨来约束人们的行为，但这会给企业带来成本的增加。那么，什么样的流程是最完美的呢？应该说能够帮助企业实现经营目标，同时，消耗最少运营成本的流程，才是最完美的流程。简单地讲，消灭一只蚊子只需要一个灭蚊拍而已，不需要动用大炮。如果需要消灭几只老虎的时候，我们可以考虑使用大炮。如果想彻底消灭掉工作中产生的异常问题，让企业在运行的过程中没有产生任何异常现象。这个只能作为企业工作流程的优化目标，但是，绝不能作为某一阶段马上要实现的目标。下面，我们以修建河堤作为例子来进行讲解。

一条很长的河堤，当雨季到来的时候，不同的地段就会有出现洪灾的危险，这个时候，我们就需要对河堤进行修筑。对于那些一定会出现洪灾的地方，我们当然要建造最高规格的防洪大堤。但是，对于那些有可能产生洪灾的地方，我们只能是有选择地进行河堤的维修。而对于那些有可能产生洪灾，但几率较低的地方，我们则采用检测、关注的方式，做好准备工作，但不进行河堤的修建。这样，我们既保证了河流的畅通，同时也确保投入产出的最大化。

很多大中型企业的管理流程和作业流程是比较完善和专业化的，但是，有些小微企业的管理流程和作业流程则非常差，这也是小微企业的生存力特别低的一个重要原因。甚至很多小微企业根本就不重视流程的优化，他们更重视人员的工作能力，这个出发点本身就存在问题。很多小微企业把销售业绩做起来了，眼看着企业就要发展起来了，但是，企业内部却出现了各种问题，导致发展机会白白地被浪费掉了。出现这些现象的一个非常重要的原因就是企业的规模发展起来了，但是，企业的流程却没有进行相应的优化。所以，很多企业虽然拥有了现代化的厂房和设备，但是，企业的价值创造能力并没有发生实质性的改变。

案例分享 5：ERP 降低了工作效率

在江苏镇江有一家生产服装的企业。随着该企业经营规模的不断壮大，他们意识到原有的工作流程并不能满足企业的发展需要，导致企业在发展壮大后，经营中出现了各种各样的问题。该企业的董事长非常恼火，认为是由于员工不负责，从而导致经营过程中不断出现问题。董事长还认为管理人员的整体工作能力不能满足企业的发展需要，也跟不上自己的战略发展要求。于是，他们招聘了一批高端的管理人才。这些外聘来的高级管理人员根据各自过去所在企业的经营状况与新企业的经营状况进行对比，提出了很多建议和意见。董事长听后非常高兴，也被他们带来的信息所震撼，认为他们一定能把自己的企业建设成为他们口中所说的那样。随着时间的推移，董事长并没有发现企业有什么大的变化，他每天听到的信息越来越陈旧，新鲜感逐渐丧失，留下的也只有不断的抱怨。

有一次，该企业通过一次会议商讨，决定到那些成功的企业去参观。通过参观，他们发现有的企业引进的 ERP 管理系统非常好。于是，该企业决定不惜重金导入 ERP 系统。他们采用招标的方式寻找了几家国内有名的 ERP 咨询服务企业。一开始，由于他们刚参观完知名企业，再加上那些新招聘的高级人员的建议，这家企业决定采购最好的 ERP 系统，并且，在硬件上也购买最好的设备。随着时间的推移，董事长和管理人员们的热度开始不断地降温。他们开始对投入成本进行不断的缩减。最终，他们选择了一家小公司提供的 ERP 软件服务，其原因是他们的报价最低。在设备上也是尽量缩减，能共用的设备就尽量共用，能低配的设备就尽量低配。轰轰烈烈的 ERP 导入项目就这样开始了。为了满足软件对岗位人员的要求，该企业同时招聘来了一大批高学历人员，并将过去的管理流程进行完善，导

第一篇 企业的生命特质——系统特性

ERP 降低了工作效率

入大量现代企业的管理流程。结果，软件运行之初就出现了问题。由于企业缺少很多管理标准数据，导致软件计算出来的数据结果存在问题，再加上人们在填写数据的过程中增加了工作量，使得很多人为了填写数据而填写数据，并没有意识到这些数据对管理的指导作用。最后，还是由于填写的问题，数据频频出现问题，企业为了提高数据的准确性，不断地增加对人力的投入。可是，软件依然没有运行几天，还是彻底瘫痪了。

这家企业导入了 ERP 管理系统，结果，工作效率反而降低了，人们要么被错误的数据误导，要么就是不知道该如何作出决策。生产现场、仓库的实际情况和软件上显示的数据产生了极大的差异，管理混乱和成本浪费也多次发生。

对于这样的一家企业而言，他们要完成的不是导入 ERP 系统，也不是模仿一些和自己经营现状不同的企业，因为他们的管理流程非常差，管理基础数据又很不完全，企业根本不具备导入 ERP 系统的能力。再加上该企业选择了一家小型的 ERP 公司，他们根本不具备根据企业的实际情况进行软件设计的能力，他们只是将一些感觉企业能用的 ERP 软件的模块拼凑起来，交给该企业员工使用。每个企业所处的市场背景不同，经营历史不同，导致的员工整体素质不同，经营文化也不同。这说明，一个企业是无法完全去模仿另一家企业的管理系统的。在上例中，这家企业导入 ERP 系统唯一带来的收获就是借此机会对人员结构进行了调整，对管理流程进行了一定程度的完善，但也存在问题，那就是很多该优化的流程没有优化，不该优化的地方反而优化了。

二、流程分析法

企业在经营的过程中，当发生异常事件时，先找到责任人、责任部门。对异常事件的临时（短期）处理方案，我们在这里不做分析，我们只研究长期解决方案。首先，我们将出现问题的工作流程描述出来。描述方法采用图标的方式。一般的工作流程都可以分为四个部分，它们分别为：▭ 过程、◇ 决策、▭ 等待、⬭ 开始或结束。

图 1-1 是某企业的采购计划制定流程图，该图简洁明了地将采购计划的

制定流程描述出来了。通过流程分析图我们可以发现，物料需求计划的数据来源于技术工艺部提供的物流清单 BOM 表，以及生产部提供的主生产计划，编写好的物料需求计划需要通过生产部经理审核通过后才可以使用。采购计划的数据来源于仓库提供的原材料库存报表，生产部提供生产计划，编写好的采购计划也需要采购部经理审核通过后才能使用。确定的采购计划还要交给财务部，会计通过采购计划编写出资金的需求计划，这样就能保证采购资金及时到位。

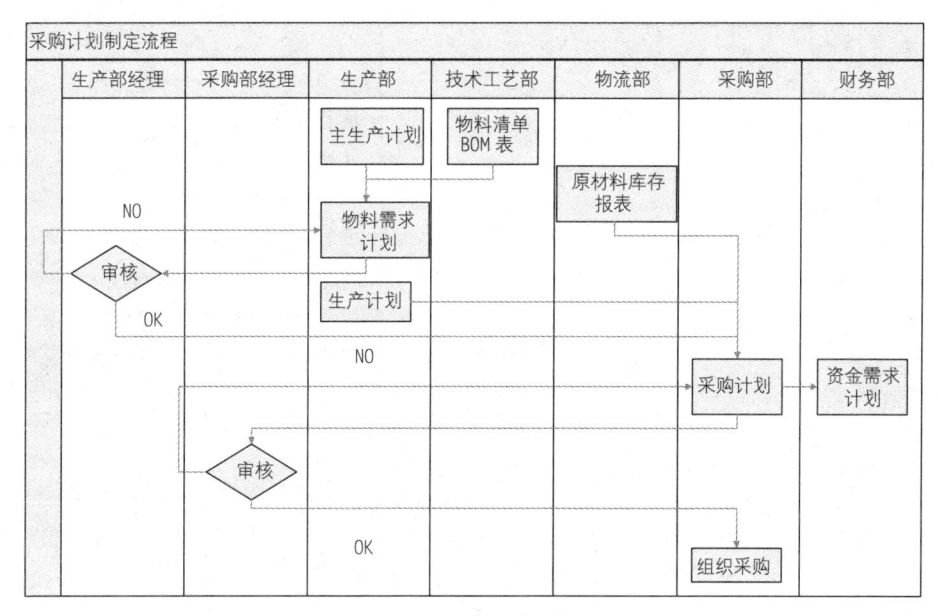

图 1-1 某企业的采购计划制定流程图

通过这样的流程图，我们就可以对导致出现问题的环节进行寻找，然后，进行分析，找到造成这些问题的原因是什么，是因为责任人选择错误，还是重要环节缺乏检查、监督。例如，如果企业的固定资产损失较为严重，很多工具维修后依然可以继续使用，但是，被人为地作为报废工具进行报损处理。这样，我们就能发现问题出现在哪个环节。

案例分享6：完善安全管理流程

某企业由于对市场开发得较好，使得订单持续增加。他们出于发展的需要，建造了新的厂房，并购买了新的设备。但是，新的问题出现了：企业的安全事故频繁发生。

该企业为了减少安全事故的发生，决定对安全管理流程进行优化。图1-2是该企业原有的安全管理流程。

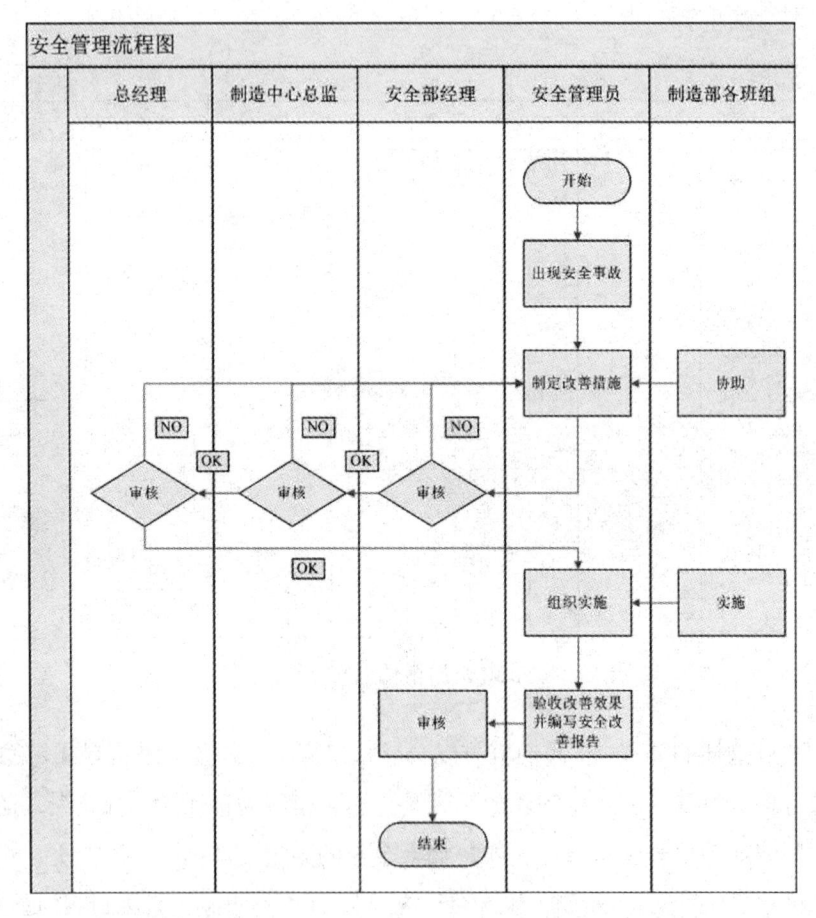

图1-2　某企业原有的安全管理流程

我们发现该企业的整个安全生产过程的管控非常被动，只是实现了对已发生的安全问题的解决，却忽略了安全计划管控和生产管理过程的安全管理。企业不仅要快速解决安全事故问题，还要消除安全隐患。该企业需要制定安全管理计划和编写每月的安全管理报告。该企业的高层管理人员了解了企业的管理情况后，决定提升安全管理级别，加强安全管理的力度。

该企业改善后的安全管理流程如图 1-3 所示。

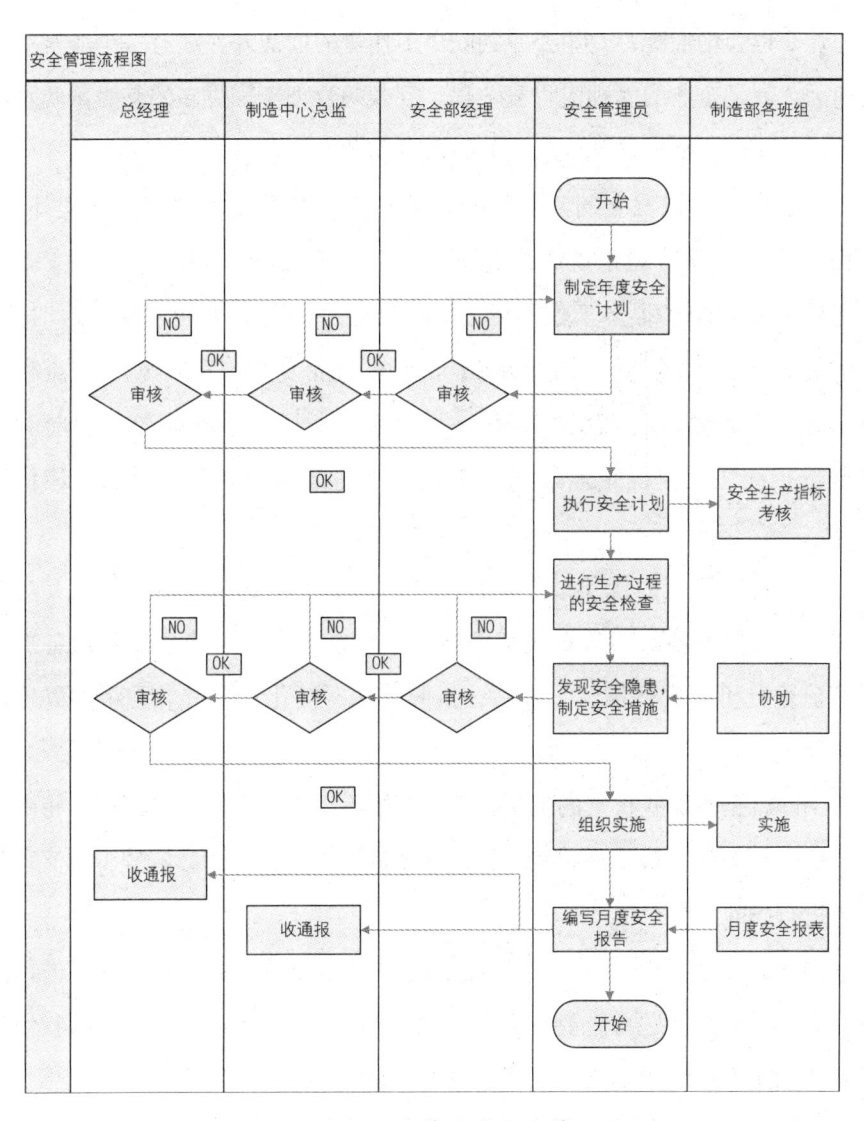

图 1-3　某企业改善后的安全管理流程

三、流程优化的四个原则：消除、简化、合并、重组

企业在发展的过程中一般都会出现管理架构不断膨胀、运营成本不断增加的情况。为什么随着企业的发展壮大，就会出现管理架构也随之壮大的现象呢？如果只是营销人员和生产人员的增加还可以理解，但是，其他相关人员为什么也会增加呢？其主要原因除了工作量的增加外，还有一个非常重要的原因，就是企业的管理流程复杂化。复杂的管理流程更多的是为了防止异常事件的发生，从而导致经营损失和浪费现象。

为了预防可能发生的问题而人为地不断在管理流程中增加管理补丁，从而使得企业的管理系统越来越庞大、越来越复杂。很多时候，受繁琐的运营流程影响，很多工作不得不放慢节奏。因为企业每发展一段时间，管理流程中就会增加一些管理补丁。很多企业多年来都不对运营流程进行优化，导致整个运营流程就是一堆补丁。所以，企业需要定期对运营流程进行优化。建议企业最少每三年就要进行一次运营流程的整体优化工作。

企业运营流程的优化过程，首先要由企业的高层担任流程优化委员会组长；然后，由各部门负责人担任委员，将企业的各项管理流程由各部门按照流程分析图进行描述。最后，按照消除、简化、合并、重组的顺序进行优化。

消除就是对那些重复的工作环境进行删除，引入新的工作流程，将陈旧的流程进行删除，对于那些发生异常几率较低、带来负面影响较少的流程环节也进行删除。

简化就是对那些为了实现某种管理目的而产生的复杂工作流程进行简化。切记，解决问题首先要将问题简化；然后，才能解决问题。如果我们为了解决问题而将问题复杂化，那本身就不是一种好的解决方案。

合并就是对一些可以合并处理或者统一由某个岗位处理的工作，尽量不要分散到多个岗位或部门来完成。对那些相似的问题进行工作流程合并，但

对于那些为了更加有效发挥稀缺人才资源而将工作进行划分的工作流程就不要进行合并了。

如果利用以上三种方法都无法实现运营流程的优化,那么,可以采用"流程再造"的方法,对凌乱的管理流程进行重新设计分工。这就是重组。

第二章
企业系统的数据管理

　　企业和人一样，也具有生命特性。如何了解一个人的生命状况呢？用医学的方法是采用检查化验的方式，从而获得人体的各种数据；用普通人的方法就是观察自己的身体状况，并和过去的相比，看看是否有什么异样。很显然，定期到医院进行全身检查是最为稳妥和科学的，这也是为什么现在很多的企业都会定期为员工提供免费体检的原因。那么，企业如何给自己进行定期的体检呢？聘请专业的咨询团队，通过调研的方法，对企业进行一次彻底的检查，是很多现代企业常用的方法。但是，由于费用较高，很多企业无法长期使用这种检验方法。并且，随着市场发展速度的不断加快，依靠一两年一次的专业检查显然是不够的。那么，企业应该如何自发进行定期检查呢？那就得依靠企业的各项管理数据来实现。其实，专业的管理咨询人员也主要是依靠这些管理数据对企业进行判断的。所以，企业必须建立一整套科学的管理数据系统。

本章导读

第一节　常用的企业管理数据
第二节　数据中的核心竞争力

第一节　常用的企业管理数据

由于企业的管理数据能够最准确地描述企业的服务能力，所以，企业必须将这些管理数据完善起来。否则，企业的管理只是依靠几个简单的管理数据，只凭着企业的经营利润和管理者的经验，是很难提前发现企业的问题并准确加以改善的。尤其对于高级管理人员来说，如果企业面临的问题连普通的员工都感觉到了，管理人员才发现或根本没有意识到，这个时候，管理人员存在的意义就少了很多。

中国有一句名言叫："人无远虑，必有近忧。"如何让企业有远虑呢？那就需要企业有完整的运营管理数据。如何让企业能够实时了解自己的经营状况呢？那也需要企业有完整的运营管理数据。

一、研发数据管理

（一）数据来源部门

企业的研发数据一般由技术部、研发部、财务部、营销部等部门提供。

（二）主要数据的应用

新项目的个数：就是企业建立研发项目的数量，其中包括技术研发和功能研发。该数据一般是以企业往年的情况作为参考，从而了解企业研发能力的实际情况，一般以年度报告、季度或半年度报告的形式呈现，企业可以根据自身情况而设定。

节点完成率＝按时间节点实际完成的研发量／计划完成量×100%。该数据是对研发项目进行过程节点管控，从而确保项目能够按时完成。一般在每个月经营状况报告会上公布，管理人员根据进展情况实施计划调整，或重新审核资源投入。

新品利润贡献率＝新产品利润总额／全部利润总额×100%。研发成果达成率＝各项目实施阶段成果达成数／计划达成数×100%。该数据是作为企业阶段性研发成果的情况描述，是对研发工作效率的最佳评价手段。该数据一般是在年度总结会上做总结报告时使用。

技术稳定性就是指新产品投放市场后设计更改的次数。任何新技术的研发和使用都可能会存在生产异常和使用异常的现象，研发人员要确保最终投入生产的研发成果能够满足生产和客户的使用要求。即使出现异常情况，也要及时改善，以确保新技术的使用能够给企业带来更高的经济利益和社会利益。该数据可以针对每一个新产品的技术稳定性进行阶段管控，或者作为年度总结报告使用。

利润降低率＝实际产品利润额／产品最高利润额×100%。产品最高利润额对小概率事件不做参考。例如，突发事件导致了商品价格阶段性的提升，这时的价格不能作为最高利润使用。我们知道，任何产品随着时间的推移，如果在技术上没有发生改变，必然会出现利润缩减的情况。如果我们能够及时了解利润降低的情况，就能准确地把握战略性调整产品的最佳时机。

二、采购数据管理

（一）数据来源部门

企业的采购数据一般由采购部、财务部提供。

（二）主要数据的应用

采购准交率＝实际准交订单数／当期应交订单数×100%。该采购数据一般为一个月计算一次和一年计算一次。通过该数据对企业采购能力进行描述，但只是对采购数量和时间的描述，由于其对客户准交率影响很大，所以，企业在生产管理中一般都会有。有些企业是根据采购计划的准交率来进行衡量，其最终作用也是一样的。因此，企业需根据实际经营情况决定将采用哪种衡量手段。

原材料成本降低率＝产品原材料降低价格/统计周期×100%。企业必须不断地对生产成本进行改善，从而降低采购成本。该数据是对企业供应商管理能力的一次考验，对于大型产品和大规模的企业来讲，这是企业非常重要的核心竞争力。

原材料检验合格率＝一次检验合格的采购单数量/总采购单的数量×100%。该数据是对采购原材料质量的检验。切记：必须是一次检验合格，对于经过退换的原材料，在数据统计时依然作为不合格进行计算。当然，企业这时也可以把产品原材料合格率进行对比，从而看出质检部门对原材料检验的工作效率。

三、生产管理数据

（一）数据来源部门

生产数据由生产管理部、营销部、财务部提供。

（二）主要数据的应用

产值：产值是以货币形式表现的，是指工业企业在一定时期内生产的工业最终产品或提供工业性劳务活动的总价值量。对于项目工程类企业和传统的订单式生产企业来讲，最终数据和企业的销售额相同。

计划准交率＝按照生产计划准时交货的订单数量/计划订单总数量×100%。该数据用于生产管理中，是生产计划和管控能力的综合体现，但使用时最好结合产能利用率进行生产效率的描述。如果产能利用率较低，而准交率也很低，这就说明企业的产能浪费非常严重。如何保证企业对生产制造环节的资源投入的产出最大化呢？那就需要保证每一笔订单都能够在正确的时间内完成生产，最佳状态是在最接近交货日期的时候完成生产。一般的订单是生产企业的计划准交率和客户准交率为同一个数据，但是，对于库存式生产模式和有订单式生产模式的企业，计划准交率和客户准交率就不是同一个数据了。

客户准交率＝按照客户要求准时交货的数量／订单总数量×100%。该数据对于客户满意度的影响非常重要。企业不仅要保质保量地完成客户所需要的订单，同时，还要在合同约定的时间内完成订单。

产品合格率＝合格产品数量／总产品数量×100%。该数据一般比一次通过率要高一些，因为该数据是指离开企业的产品的合格品所占比例的情况。对于那些返修后依然能够满足客户要求的产品一律按照合格产品统计计算。该数据考核可以用于对某个产品在某个时间段的合格情况的描述，也可以用于某个工序的合格情况描述。

一次通过率＝产品生产一次的合格数量／产品总数量×100%。该数据还有一个名称叫做"直通率"。在生产过程中有一种非常严重的浪费现象，就是不良的浪费。那么，通过直通率，就可以了解企业存在的不良浪费的情况。该数据计算的特点就是对于那些通过返修达到客户要求的产品依然按照不合格进行统计计算。

四、营销管理数据

（一）数据来源部门

营销数据是由营销部、财务部提供。

（二）主要数据的应用

销售额：指企业在规定的时间周期内的订单销售情况。有的企业是以合同额来进行统计的，这样的统计在一般情况下是很准确的，正确的统计方法应该以企业的开票额为准。

市场计划目标客户数、实际目标客户数：市场计划目标客户数是指企业营销计划中制定的在某个时间周期内要完成的目标客户数。实际目标客户数是指在统计数据周期内实际完成的目标客户数。目标客户是指达成合作的客户，特殊行业可以以签订合同和达成协议为准。该数据作为阶段营销考核指标，主要是对企业营销的前期市场分析能力的衡量。

市场计划潜在客户数、实际潜在客户数：指企业在营销计划中制定的某个时间周期内要完成的潜在客户数，在统计数据周期内实际潜在的客户数。该数据作为阶段营销考核指标，主要衡量企业的营销能力。

市场转化率：潜在客户转化为目标客户的比例。它是指在统计周期内，潜在客户实现交易占总的潜在客户数量的比例。该数据作为阶段营销考核指标，主要是对企业营销流程中的销售能力的衡量。

新产品销售额：新产品开票金额。它是指企业推出的新产品在市场上产生的销售额。该数据作为新产品向市场推广前期的统计，主要是针对企业新产品营销推广能力的考核。

老客户销售额：老客户开票金额。客户完成一次交易后，如果再次购买企业提供的产品或服务，我们就称为其是老客户。老客户销售额是指在统计时间周期内老客户产生的企业销售额。该数据作为阶段营销考核指标，主要是对企业客户维护能力的衡量。

五、服务管理数据

（一）数据来源部门

服务管理数据由服务部、营销部、财务部提供。

（二）主要数据的应用

退货：统计周期目标退货数量、统计周期实际退货数量。统计周期目标退货数量是指企业根据自身实际情况以及行业同级别企业的实际情况而制定的现阶段最高可接受的退货数量。统计周期实际退货数量是指企业实际统计周期内客户的退货数量。该数据需根据企业的实际情况而使用。

索赔金额：统计周期目标索赔金额、统计周期实际索赔金额。统计周期目标索赔金额是指企业根据自身实际情况以及行业同级企业的实际情况而制定的现阶段最高可接受索赔总金额。统计周期实际索赔金额是指企业在统计周期内实际索赔总金额。该数据需根据企业的实际情况而使用。

服务再造价值：统计周期内与售后服务人员相关的销售目标金额、实际金额。具体是指企业的服务部门通过高质量的服务在统计周期内实现的计划销售额和实际销售额。使用该数据时要注意，企业必须能够公平、公正地区分销售人员和服务人员谁是订单主导完成者。如无法公平、公正地区分，请慎用。

客户满意度：客户评价（非常满意、满意、较满意、需要改进、不满意），统计周期内的目标评价和实际评价。它是指企业定期通过调查文件或者访谈的方式了解客户对企业总体服务质量的评定。

第二节　数据中的核心竞争力

面对市场的激烈竞争，一个企业要想生存和发展，就必须有生存和发展的理由。随着中国经济的快速发展，产能过剩已经成为不争的事实，这个时候，企业不做持续改善，只想依靠市场的强大推动力生存下去，已经是不可能的事了。

面对经济增长的常态化，企业所要做的事情就是不断地提升自身的核心竞争力。核心竞争力就是企业的生存能力。企业在进行核心竞争力提升的过程中，一定要懂得平衡企业的各种能力，而不是在某个方面非常突出，却在其他方面非常差。在这种情况下，不论企业最突出的地方如何突出，都无法实现赚钱能力的提升。"一招鲜，吃遍天"的时代已经过去了，依靠某个方面出众，就想从而提升企业的赚钱能力是很难实现的，它只能提升企业的生存能力，而企业的赚钱能力要依靠企业的综合能力来实现。

一、企业的发展瓶颈等于价值创造力

（一）企业的八个价值创造环节

企业的发展瓶颈是指企业在经营过程中的技术研发、原材料采购、生产管控、工艺管理、质量管控、营销与销售、客户服务、融资及财务管理等环

节中能力最差的那一项。

图 1-4 概括了企业的所有价值创造环节。一般来说，企业的经营模式不同，其价值创造的模式也不一样，但是，企业的价值创造环节是一样的，从第一个环节到第五个环节是价值创造的五个主要环节，而从第六个环节到第八个环节是价值创造的辅助环节。主要价值创造环节构成了企业的主体价值链，最后通过价值创造的辅助环节提升主价值链的价值转换效率。在这里，我们将八个价值创造环节统称为企业全价值链。

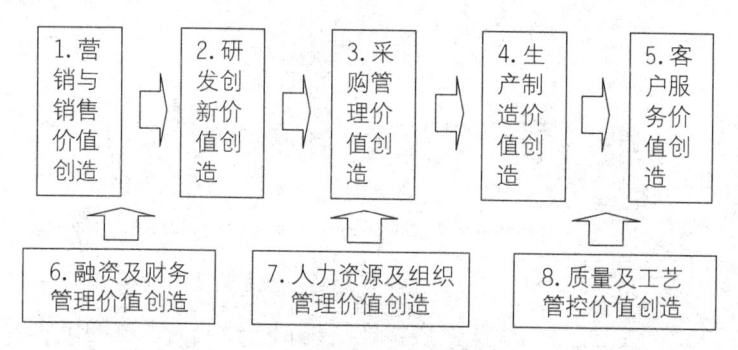

图 1-4 企业的八个价值创造环节

（二）忽视问题的核心冲突，一味地解决表面现象

企业的核心竞争力来源于企业某项突出的指标。例如，企业的产品质量突出，或者企业的品牌价值创造能力突出，或者企业的产品创新技术突出，或者企业的售后服务水平突出，等等。这些都可以作为企业的核心竞争力，但这些只能增强企业的生存能力，无法提升企业的赚钱能力，即使通过核心竞争力提升了企业的赚钱能力，那也是暂时的。客户会因为我们的核心竞争力优先选择我们的企业，但是，他们同样也会因为我们的某项服务落后于竞争对手而改变合作对象。在行业市场趋于稳定的情况下，我们必须尊重和重视客户，我们要站在利润最大化、持续化的高度，正确地分析和解决问题。

企业的赚钱能力起源于企业的综合能力，某一项能力的突出只能让客户优先选择我们，但无法让客户始终选择我们。例如，很多企业的营销能力很强，但他们的产品研发和技术革新能力很差，尤其是他们不重视生产管控。

用员工的话讲,只要产品能够生产出来,然后成功交付就可以,当然,最关键的是准时收回货款。这就导致这些企业发现市场增长速度放缓,而价格战已经愈演愈烈的时候,他们所想到的第一件事情,不是企业如何逃脱现状,而是一味地压低价格,加大营销方面的投入,期望通过营销能力的不断提升来缓解订单的不断减少。殊不知,在服务品质得不到提升的情况下,企业就盲目地提升营销手段时,每一笔订单的增加,都是对企业形象的一次损害。

(三)加法的思维方式会使企业忽视真正的问题

随着中国经济的不断发展,很多企业已经开始考虑如何走出低端产品的生存环境了。他们选择通过技术升级、生产管理升级、售后服务升级、品牌营销升级等办法,而那些还在不断增强营销能力,不断压缩成本、降低售价,忽略自身服务水平的落后却一味地怨天尤人的企业,却依然把注意力放在了销售订单的增加上。直到有一天,他们会发现,他们每天在做的事情是亡羊补牢,根本没有从根本上解决企业的问题。这就是很多企业最为熟悉的加法思维方式,当他们发现企业在经营的过程中某项经营指标较差的时候,他们会采用增加的方法进行调整。例如:当订单较多,生产无法完成的时候,企业就会购买设备、增加人员;当订单无法满足生产的时候,企业就会加大营销方面的投入;当企业的人员不断增加,工作效率却不断降低的时候,企业才会想起绩效考核管理;当招工出现问题的时候,企业才会添加人力资源部来完成招聘工作。这种为了弥补漏洞而运用的加法思维方式,使得企业忽略了影响企业赚钱能力的真正问题并不是表面上所看到的问题。我们对上述的四个问题进行一一分析,看看原因到底是什么。

第一个问题:当企业发现产能不足且无法准时完成订单的时候,企业首先要看一看库存(放在库房里的半成品和成品,还有放在生产现场的半成品)是否非常大,库存产品是否已经都放到了过道上;生产过程中的返工现象是否很严重,原材料交付及时率是否都不能达到60%;在淡季时预做的库存是否严重不准确。这些才有可能是浪费企业产能的罪魁祸首,而企业所接到的订单很有可能根本没有超过企业的生产能力。

第二个问题:当订单无法满足生产产能的时候,企业就会加大营销方面的投入,而忽略了企业存在的其他问题。很多企业都会犯这个错误,尤其是一些民营企业更容易犯这个错误，因为大多数民营企业都是以营销起家，企业的掌门人最擅长的就是营销，所以，他们更愿意往最擅长的地方不断地投资。其实，企业订单的减少，很大程度上是由于行业增长的速度放缓致使行业急需进行产品升级。这个时候，企业就要思考自己的产品技术是否较为低端，产品结构是否不符合市场的发展需要；售后服务是否低于同行业的平均水准，企业通过增加营销方面的投入而增加的客户，会不会因为企业的售后服务跟不上，而使企业又一次得罪了一个优质客户。

  第三个问题：当企业的人员不断增加，而工作效率却不断降低的时候，企业就会考虑加大绩效考核管理。绩效管理是一个系统工作，而不是简单地进行增加或减少奖惩力度。面对这样的问题，首先，我们要准确地分配好各个部门的人员岗位；然后，我们要对每一个岗位进行准确地分工。在对整个工作流程进行优化和完善以后，再根据工作中的每一个节点进行考核，以确保工作结果是企业所需要的。物质奖励和精神奖励是一种激励措施，它们的目的是让员工按照企业的各项规定完成工作，并提供企业所需要的工作结果。企业盲目增大物质激励的力度，从而不断增加员工的欲望，而企业又无法满足员工的时候，员工则会毫不犹豫地选择离开。"重赏之下必有勇夫"，这句话只能用于偶然事件，绝不能滥用。

  第四个问题：当企业的招工能力成为影响自身发展的一个重要问题的时候，企业才会想到建立人力资源部门。首先，人力资源部门的职能绝不是简单地招聘员工，例如，人力资源规划、企业文化建设、绩效考核工作、员工培训等工作都是人力资源部的工作范畴。如何留住员工，并且让员工能够尽职尽责地工作，是人力资源部主要的部门职能，而招聘绝不是人力资源部的唯一工作内容。当企业有能力吸引员工留在企业，那么，招工永远都不会成为一个问题。

  （四）企业想多赚取利润，必须提升自己较差的能力

  企业的价值创造力决定了市场对企业的产品或服务的价格认定，最终决定了企业的经营利润。企业想多赚取利润，就必须提升自己的价值创造力。提升企业的价值创造力，不是以企业最擅长的能力作为提升对象。就像一个学生文科学得好，但他的理科学得不好，这时，他为了提升自己的学习成绩，

要做的事情应该是提升自己较差的学科,而不是一味学习自己学得最好的学科。对于企业也是一样的,如果企业的营销能力较差,或者技术研发能力较差,企业就必须对较差的能力进行提升。否则,企业就会受制于较差的能力,最终走上畸形发展的道路。

案例分享7:错在哪里

在河北有一家企业,其创始人是一名高级知识分子。该企业研发出一种新型的汽车空调清洗设备,打破了过去陈旧的清洗方式,提升了清洗效果,在市场上赢得了一次难得的发展机会。但是,该企业的创始人善于技术研发,却不善于营销推广,虽然该企业发展了多年,但规模依然无法壮大。在这种情况下,该企业依然选择加大研发投入,相继研发出许多产品,希望利用现有的销售渠道,通过产品多样化来提升企业的销售业绩。该企业与多家高校及研究机构合作,不断增加研发投入,他们的可用资金几乎全部都投入到研发工作中。但是,由于该企业的营销能力较差,导致大量的新产品得不到推广。最后,经营状况越来越差。

这家企业的营销能力严重滞后,整个企业加上总经理,只有三名营销人员,而这三名营销人员也都不是专业的人员,他们同时还兼管企业的生产和研发工作。

这家企业一共犯了两个错误:

第一个错误是企业发现了营销是他们的发展瓶颈,但并没有直接对营销方式进行改善,而是利用现有的销售网络,不断增加新产品,希望通过关联销售的方式,增加企业的销售额。但是,该企业忽略了一个非常重要的问题,那就是企业主打产品的销售状况本身就比较差,并且,主打产品本身没有形成任何口碑和品牌效果,从而使企业研发出来的新产品根本无法与市场上的大品牌产品和专业生产企业的产品进行竞争,导致企业的产品多元化发展战略本身就脱离了企业的实际情况,致使本来压力较大的营销能力因此背负起更大的负担。

第二个错误是该企业在进行产品研发时并没有经过准确的市场调研,他们只是发现这类产品可以进行升级。也就是说,他们只是简单地认为凡是对

错在哪里

※ 错误① 企业发现了营销是自己的发展瓶颈，但企业没有直接对营销进行改善。

※ 错误② 企业希望通过自己的强项来弥补自己的弱点，这是自欺欺人。

※ 错误③ 企业在进行产品研发时，并没有经过准确的市场调研。

第一篇　企业的生命特质——系统特性

这类产品有需求的企业就是自己的客户。正确的研发工作应该是先对市场进行分析，寻找到属于自己的客户群，这些客户一定是能体现出企业优势的客户。好的企业研发不是谁给钱就为谁提供产品或服务的，而是要经过分析，找到可以突破市场的恰当机会，有计划地将产品投放到市场中去。

（五）准确找到企业发展的瓶颈

企业能赚多少钱，要由企业最差的价值创造力来决定。例如，企业的营销能力最差，那么，企业的价值创造力就要由营销能力决定。但是，有些时候，企业并不能准确地找到自己的发展瓶颈。

在寻找企业的发展瓶颈的时候，一定要寻找企业最差的价值创造力。很多时候，通过表面现象是无法寻找到企业最差的价值创造力。例如，很多企业的表面问题是营销问题，但和企业的其他价值创造力对比后，我们发现企业最差的能力不是营销能力。之所以营销业绩差，有可能是企业的产品或服务差，比如产品质量不稳定，交货的准交率低等原因，或者是企业的产品技术落后。

企业在经营的过程中，往往会把短期解决方案作为长期解决问题的方法来使用，甚至作为企业的经营经验不断地传承使用。例如，当企业的产品或服务较差，产品质量不稳定，并且，还不能准时交货，这个时候，客户就会因为实在无法忍受而选择寻找新的供应商。当企业了解到这个情况后，往往会采用各种方式将发生的问题压下去，实在不行就主动提出降价。如果这样也无法保证企业的订单量，那么，企业就会大量地增加营销方面的投入，从而增加订单，以弥补损失。我们可以将这种方法作为危机公关的一种方式来使用，但是，企业绝不可以将这种方法作为类似问题的解决策略。正确地解决问题的方法是，找到问题的核心；然后，对核心问题进行解决。只有解决了核心问题，才能真正提升企业的赚钱能力，而这个核心问题就是企业的瓶颈问题。

案例分享 8：原来营销才是企业真正的瓶颈

在江苏有一家精密机械加工企业，该企业创立后生意一直都很红火，生产线可以说是忙得热火朝天，很多新的订单由于企业没有多余产能，导致企

原来营销才是企业真正的瓶颈

业都无法接。但是，每到月度进行核算的时候，企业都会发现自己处于亏损状态，并且，亏损还较为严重。面对这样的问题，企业的管理人员非常不解：企业单个订单利润额大多数都非常高，那么，企业为什么还是不赚钱呢？最终，该企业发现是生产过程存在问题。因为该企业所加工的产品的原材料大多数来自于客户，该企业只是赚取加工费而已。那么，企业如果存在问题，就很有可能是生产存在问题。是产能的有效利用率较低，导致企业的利润被消耗掉，并且还造成了亏损。该企业的很多经营问题也证实了这一点，企业的客户经常抱怨企业的准交率低，产品的质量不稳定。

该企业为了解决生产上存在的问题，找到了我们。当我们对该企业进行调研和诊断的时候，我们发现这家企业的真正问题不是生产问题，因为该企业有一支非常专业的技术工艺团队，企业的设备基本都是较先进的新设备，很多同行业无法加工的产品在该企业都能顺利地完成生产，该企业也能够生产很多国外高端设备上的零部件。企业的真正问题是营销问题。

该企业只有一个兼职营销人员，这个营销人员就是企业的营销总监，并且，他只是在该企业兼职，原因是他在外面还有自己的工作。该企业的很多订单都是同行介绍来的，还有一些是客户转介绍来的，这从另外一个角度证明了该企业的生产技术能力较强。虽然这家企业的订单总量大，但单个订单的需求数量却很少。当生产稳定了，员工的熟练度刚有所提升，客户的订单没有了，并且，这些订单的技术难度较高，一开始都需要技术人员参与生产。这样一来，企业的人工成本无形中增加了好几倍。企业对生产管理的要求也较高，所以，企业必须增加专业的生产管理人员，这样一来，人工成本又增加了。频繁地换线导致设备稼动率较低，对于一个赚取加工费的企业而言，企业的利润早就被不断地换线所消耗掉了。

企业真正的发展瓶颈要从企业的核心问题找起，那些表面问题并不是企业的核心问题。其实，企业的很多问题都是由核心问题衍生出来的表面问题。

一个企业在经营的过程中，一定会存在这样和那样的问题，这些问题的存在，是因为企业的某项能力无法满足市场的需求。最后，造成很多问题在不同的经营环节中表现出来。企业解决问题时，不是简单地头疼医头、脚疼医脚，而是寻找到问题的核心；然后，对核心问题进行解决。那么，什么才是企业问题的核心呢？就是企业经营能力最差的环节，而这个最差的环节也就是企业全价值链中瓶颈价值创造环节。

二、企业的核心竞争力等于企业的生存力

（一）差异化是企业产品征服市场的最佳保障

大多数行业最终都会出现供应大于需求的现象。即使一个新产品投入市场，起初会有短暂的供应小于需求的情况，但是，随着高利润的吸引，导致同行的大量复制，逐渐开始出现供应大于需求的局面。接下来，企业多是通过对性价比的调整来参与市场竞争。所以，大多数产品都存在生命周期，只是这个生命周期的长短不同而已。可以说，任何行业的竞争一定是越来越激烈。当然，激烈的市场竞争同时也推进了行业的专业化、标准化、工业化发展。在这种情况下，企业要想生存下去，就必须让面对多种同类产品诱惑的客户能够逃脱竞争对手的诱惑，选择自己的产品。那么，如何让客户优先选择我们，如何让客户从内心深处认定我们呢？就必须让我们的产品和同类产品存在差异化。

所谓差异化，主要有四种：一种是文化差异化，另一种是价格差异化，还有就是功能差异化和技术差异化。①文化差异化。例如，海尔的砸冰箱事件就成功地将海尔追求产品品质的精神以事件的形式表达出来了。又如，LV等品牌产品以历史文化的方式注入到产品文化中。文化差异化需要企业以品牌战略的方式进行不断的升级管理。②价格差异化。价格差异化是指通过价格进行同类产品区间划分。例如，脉动饮料是乐百氏企业的一款维生素饮料，在脉动饮料准备投入市场的时候，市场上已经存在很多类似的产品了。为了与市场上的同类产品实现产品差异化，在定价的时候，脉动饮料故意将价格调高，从而与康师傅、娃哈哈等同类产品从价格上进行区隔。价格差异化的调整始终是按照性价比公式进行的，绝不是看着市场调价格，而忽略了产品的成本投入。所以，上述例子中的脉动饮料将多出来的利润用于产品的包装投入。③功能差异化。功能差异化就是对产品的某些功能进行个性化组合调整。例如，当年的诺基亚手机以耐摔赢得了很多用户的追捧，这就是一种典型的功能差异化。又如，苹果品牌手机进入手机市场的时候，所依赖的

更多的是功能的差异化。④技术差异化。技术差异化就是利用产品生产或功能设计采用的技术不同而产生的差异化。例如，在现代产品更新速度最快的智能手机行业，苹果手机的金属外壳与大多数手机的塑料外壳相比技术领先很多，成为了苹果手机异于同类的又一亮点。后来，很多企业发现了这点，于是，他们相继研发出不锈钢材质、皮革材质、竹子材质等手机外壳。

（二）真正的产品差异化来源于企业的核心竞争力

如何提升以上四种差异化呢？就必须提升企业的核心竞争力。那么，什么是企业的核心竞争力呢？企业的核心竞争力就是企业某个方面价值创造能力最强的地方。通过企业的管理数据就可以发现其核心竞争力，真正的企业核心竞争力不是形容词，而是用数据说话。

企业管理数据主要有五类：第一个管理数据是营销数据。例如，曾经辉煌一时的脑白金系列产品的病毒式营销方式，苹果手机、锤子手机等的饥饿式营销方式，都对产品价值的提升起到很大的作用。第二个管理数据是研发数据。例如，华为、格力之所以能够成为行业的领导者，主要依靠他们卓越的研发能力。第三个管理数据是采购数据。例如，美的电器、吉利汽车就是通过高效的采购管理系统，降低原材料成本，从而提升企业的利润空间，加强企业的竞争力。第四个管理数据是生产数据。例如，富士康就是依靠过硬的生产制造和服务能力，为客户提供最短的交货期，几乎百分之百的准时交货率和优质的产品质量，还有极高的生产效率带来的生产成本最小化，因此，获得了较高的市场口碑。第五个管理数据是客户服务数据。这里指的是销售过程和售后服务。随着市场竞争的日益激烈，售后服务成为企业竞争的重要博弈选项。例如，长城汽车提出的二十四小时汽车服务就是一个非常好的亮点，不论什么时候、什么地方，只要汽车出现问题，一打电话，4S店的汽车维护车就会赶到。

除了上述的五个数据外，还有两个运营管理数据也可以成为企业的核心竞争力：①融资和财务数据。企业在发展过程中需要不断地进行投资。如果企业的融资能力较强，就能提升企业的发展速度。财务管理也很重要，它可以降低企业的浪费，提升企业的资金使用效率，帮助企业作出正确的管理决策。②人力资源与组织管理数据。一支高效的团队是企业实现战略目标的重要保障。

案例分享9：产品以创新制胜

山西有一家生产建筑门窗的企业，他们主要生产的产品是塑钢门窗。这家企业在创立之初只是一家租借了半间厂房、拥有员工数不到三十人的民营企业。在该企业开发投资该项目的时候，在当地已经有三家较大规模的企业垄断了市场。当时，该企业的生产规模有限，并且，生产出来的产品同质化的现象较为严重，市场销售压力较大，因为很多大型的建筑公司已经有长期的战略供应商，客户为了保证整个项目按照计划准时推进，不愿意更换供应商，为此，他们更喜欢规模较大的供应商。在这种市场竞争压力较大的情况下，该企业也只能是艰难地维持着生存。

该企业为了打破这种经营窘境，决定让同质化严重的产品产生差异化，从而从竞争对手那里抢夺市场。他们对产品的生产过程进行研发，发现该类产品由于生产工艺较为简单，在保证产品质量的情况下，根本无法通过工艺改善等方法降低生产成本，从而通过更为优惠的价格占领市场。最后，该企业对客户对产品的使用过程进行研究，发现客户在安装该类产品的时候，由于门窗运往客户那里的时候是没有安装玻璃的，所以，当企业要安装的时候，很多玻璃上的胶条（起到挤压玻璃的作用，一般企业生产完成后，作为一个组件安装上去）都会脱落。这样一来，安装人员就需要对胶条进行重新安装，导致很多时候由于安装匆忙，产生了很多瑕疵，致使房屋验收出现问题。还有就是导致安装人员的工作效率较低，非常浪费时间。于是，该企业通过技术研发，对生产设备进行改造，在生产线上产品成型的过程中，直接将胶条压注上去。这样一来，不光减少了一道安装程序，还降低了生产成本；同时，也解决了客户的安装烦恼。该企业就是通过这样的技术研发赢得了客户的信赖，再加上企业优质的产品质量和交期服务，致使企业赢得了大量的市场订单。不到两年的时间，该企业就发展成为当地拥有一百八十多亩地的现代化厂房、三百多名员工的知名企业。

企业实现产品的差异化，就可以提升企业的市场占有率，而要产品差异化，就需要企业凭借着自身最强的价值创造环节来实现。如果企业的营销价值创造环节、生产管控价值创造环节的能力较强，那么，企业就可以在文化差异化、价格差异化上着手打造。如果企业的研发管控价值创造环节、质量和工艺管控价值创造环节较强，那么，企业就可以在功能差异化、技术差异化上着手打造。如果企业在采购价值创造环节、融资和财务管理价值创造环节的能力较强，那么，企业就可以在价格差异化上着手打造。人力资源和组织管理价值创造力是以上的价值创造力的基础，不论企业决定打造哪一方面的产品差异化，都需要对其着重提升。

（三）核心竞争力的战略管理

企业的价值创造力等于企业的瓶颈价值创造力，如果企业不能提升瓶颈价值创造力，对非瓶颈价值创造力不论如何提升，都无法提升企业的赚钱能力。所以，企业的瓶颈价值创造力的提升过程就是不断打破旧的瓶颈，然后寻找新的瓶颈的过程，通过这个过程，企业才能实现真正的发展壮大。

企业的核心竞争力是企业的某个价值创造环节的价值创造能力超过同行的平均水平。很多人会认为通过提升核心竞争力可以提升企业的赚钱能力，因为核心竞争力可以帮助企业赢得更多客户的认可。但是，企业每一笔订单的成交只是企业对客户实现服务的开始，当企业的服务完成后，客户付完余款，也并不等于这是一次成功的客户服务过程。只有当客户成为企业的忠诚客户，甚至愿意为企业介绍其他客户的时候，企业与这笔订单的完成才算是完美。如果企业通过核心竞争优势获得了客户订单，但是，在后期的服务过程中，由于未能让客户满意，这时，客户就很有可能再也不会与企业合作，甚至会对企业的市场口碑造成影响，毕竟客户的一句话胜过任何广告。不断地开发新客户对于企业来讲，企业的营销成本也会处于不断增加的状态，这对于利润在不断减少的行业来讲，负面影响会非常大。所以说，核心竞争力可以帮助企业在市场竞争中更容易接到订单，但接到订单只是企业经营过程中的第一步而已，对于一个希望不断发展壮大的企业来讲，不断的客户积累才更为重要。

核心竞争力只能解决企业的生存问题，并不能解决企业的发展问题，因为一个企业的发展需要的是企业的综合能力。世界上有很多成功的企业都有一个非常过人的能力，同时，他们的其他各项能力在行业中也非常突出。企业如果只是依靠一个较为突出的核心竞争力就想实现发展壮大，那是绝对不可能的，除非企业正好遇到了行业的快速发展时期，然后，借助企业的核心竞争优势能够快速占领市场。但是，当行业的发展速度降下来的时候，企业的问题就会暴露出来，市场就会以非常苛刻的目光审视企业。下面，我们以一个案例来进行讲解。

案例分享10：什么是准交率

在江苏有一家船舶零部件生产企业，它是一家拥有50亿元资产的大型集团公司的下属分公司。该企业在创立之初正是中国船舶行业蒸蒸日上的时期，该企业凭借着集团公司的资金支持——起初投资金额就已经达到两亿多元，一下子就成为当地船舶机构件供应链中最大的船舶机构件生产企业。当时，由于船舶订单不断增加，再加上整船生产企业资金雄厚，只要客户缴纳20%的定金就可以下订单。这样一来，订单的增加速度越来越快，很多订单由于造船企业的产能有限，都无法接单。面对这种情况，由于需求大于供应，导致客户为了能够成功下订单，不得不迁就造船厂，对于无故延长供货周期和一些质量问题也就勉强接受了。由于整船制造企业为了能够拿到所需的零部件，对供应商也是睁一只眼、闭一只眼，由此导致那些船舶结构件生产企业也就不把产品交期和产品瑕疵当回事了。

这家企业由于生产规模较大，生产工艺完整，所以，自然成为客户优先选择的对象，甚至加价客户都愿意。可惜好景不长，没过两年，行业就出现了快速下滑，大量的客户订单出现弃船现象。这时，造船厂无论如何加大营销力度，都无法维持订单量。这样一来，供应就远远大于需求，客户对造船厂的要求变得越来越严格，造船厂也同样对零部件供应企业的要求变得越来越苛刻。有一天，该企业接到占到企业订单60%的最大客户的斥责，要求该企业必须对准交率有所改善，客户对该企业过去30%左右的准交率已经无法忍受，该企业必须在三个月内将准交率提升到90%以上。否则，客户就会取消掉所有订单。这时，企业才如梦初醒。

该企业找到我们，希望通过第三方的专业辅导，能够帮助企业实现客户要求的改善目标。于是，我们到达该企业后立刻对其进行诊断和调研工作。当我们对该企业的生产部计划管理员进行访谈的时候，我们问企业现在的准

什么是准交率

交率是多少，他的回答竟然是："什么是准交率？"当我们问及他的日常工作内容，他告诉我们：他的日常工作就是将营销部接到的订单分发给各个班组；然后，对生产现场的订单完成情况进行记录。

最后，这家企业通过半年的改善达到了客户的要求，但是，由于他们的工艺技术能力较差，导致很多订单需要不断返工才能达到客户的质量要求。这样一来，本来微薄的利润也就消失了，企业的经营状况越来越艰难。

第三章
观念瓶颈的突破

　　企业为什么需要管理？因为在企业的五大组成元素——人员、设备、物料、技术、环境中有一个最为不稳定的元素，那就是人员。所以，企业管理不论是对设备、物料、技术、环境的管理，最终都归结到人的身上。只有人员工作效率的最大化，才能保障企业经营效率的最大化。人员难以管理的一个非常重要的原因就是，人是有思想、有思考能力的。如果人的观念正确了，就能发现错误的行为，并及时给予改善。但是，当人的观念错误的时候，就会对正确的行为产生抵触。管理企业的方法有很多，要想让员工正确地学习和使用，首先就必须调整好人的观念。否则，再好的方法，他们都会抵触。

　　对于企业的管理精英们而言，不论他们的管理经验有多么丰富，一旦讲到对人的观念进行调整的时候，大多数人都会望而却步。其实，企业大可不必因为谈到观念的改变而担心无法打破阻力。正确的管理观念并不复杂，只是人们没有很好地研究和总结出来。其实，正确的管理观念主要有四个，它们分别为：系统观、有效产出观、逻辑观、动态调整观。

本章导读

第一节　系统观

第二节　有效产出观

第三节　逻辑观

第四节　动态调整观

第一节 系统观

一、企业的系统性

企业是由人力资源、物料资源、信息资源、资金资源四大资源组成，通过这些资源构成一个具有各种职能的价值创造系统，简称价值链。由此可见，企业是一个创造价值的系统。企业是由人员、设备、物料、技术、环境五大元素组成的，除了人，其他元素都是非生命元素，不具备生命特质。所以，提升企业的生命力就需要加强对人才的培养。

二、如何提升企业系统各资源的创造力

企业的终极目标就是赚钱。要提升企业的赚钱能力，不只是对企业的某个环节进行改善就可以实现的，企业赚到的钱是通过为社会提供等价值服务实现的。也就是说，企业能够创造多大的价值，就能和客户报多大的价格，就能获得多大的利润。

一个企业要想提升赚钱的能力，就需要不断地提升自身的价值创造力。如何提升企业的价值创造力呢？方法有很多，例如，利用提高研发能力，提升生产效率，降低成本，从而提升产品的性价比；或者通过售后服务为产品

进行二次价值创造；还可以通过品牌建设，提升产品的非物质价值等。这些都可以提升企业的价值创造力。但是，我们发现很多企业在进行改善的时候，虽然问题解决了，却并没有得到相应的回报，这是为什么呢？这就是我们下面要讲的——企业系统中的瓶颈资源决定了企业的价值创造能力。

三、企业系统中的瓶颈资源决定了企业的价值创造能力

企业的赚钱能力来源于企业的整体价值创造能力，而企业的整体价值创造能力来源于企业提供产品和服务的各个环节，这些环节之间存在先后和因果关系，如何寻找到这些环节中的不足呢？企业一般都存在市场营销、客户销售、产品设计、原材料采购、生产管控、生产制造、售后服务等环节，这些环节就形成了企业的全价值链。当这些环节中的某一项处于最弱的时候，就会直接影响到其他环节。也就是说，企业的整体价值创造能力不是由企业最强的环节决定的，而是由企业最弱的环节决定的。

案例分享 11：原来是市场营销存在问题

在山东德州有家生产食品调味品的企业。这家企业建立至今已经有 12 年的历史了，其老总原是某国有企业的一名营销员，后来，他凭借自己手里的客户群和自己出色的销售能力，成功地将一家不到十人的家庭作坊做成一家拥有三百多人的企业。这家企业在当地有一定的声望，甚至也有一定的品牌效应，这主要归功于企业的生产过程管控严格，原材料采购严谨，生产设备不断更新。

随着市场的不断扩大，与该企业竞争的企业也不断增加，甚至有两个从这家企业走出去的员工也将自己的企业做成同等规模大小的企业。而这家企业却始终停滞不前。他们一直在反思自己，不断地寻找企业存在的问题，并进行改善，但效果不佳。该企业的老总告诉我，该企业现在被一道门槛挡住了，怎么都跨不过去。该企业的老总是一个非常勤奋的人，整个企业的管理大到战略决策，小到食堂每一周的菜谱，都要经过他的审批。可是，他发现，自己越是追求完美，越会发现企业的问题越多，尤其是员工的工作结果始终无法让他满意。于是，我们对该企业进行了系统的调研工作。

原来是市场营销存在问题

该企业的员工和老总都反映企业的销售部门人员过多，但工作效率却很低。我们和销售部的经理进行沟通的时候，销售经理抱怨自己也没有办法，他招员工的速度还没有员工流失的速度快；而且，这些员工都是年轻的"90后"，比较浮躁，工作不主动，学习不积极，无法独当一面。企业的订单主要是靠一些老客户维持，增加的新客户都是依靠老板和他来完成的。谈到这个问题，该企业的老总也非常同情销售经理，因为这么多年，他也只是培养出这么一位销售人员。现在，该行业的产品已经出现严重的过剩现象，并且，该企业的产品技术较低，针对企业现在的生产规模，最佳的发展思路要不就是进行技术研发，生产和制造高端产品；要不就是提升企业的生产规模。很显然，对于他们这个行业来说，他们更希望通过提升生产规模，从而提升企业的生存和竞争能力。那么，如何提升企业的生产规模呢？首先，需要扩大市场份额。否则，生产规模提升了，虽然可以降低生产成本，但是，在前期没有市场的情况下，哪一家企业敢这么做呢？于是，该企业为了提升市场占有率，决定大量招聘和培养销售人员，并且，多拿出2%的利润提成奖励营销团队，以激励他们创造更好的业绩。该企业这样经营了一年，结果，除了增加了营销成本，并没有产生任何实质性的改善效果。

这家企业犯的一个最大的错误就是营销职能不健全，只有销售，没有市场营销。也就是说，他们的销售人员没有主动寻找市场信息，然后，自发地进行产品推销。面对这样的情况，企业必然对销售人员的个人能力要求较高，因此，导致很多销售人员由于自己没有能力完成任务，即使企业给出了较大奖金激励，也依然不会被触动。

我们知道，销售是营销流程的第二步，而市场营销是销售的第一步。对于那些没有任何销售经验的新销售员来讲，直接进入第二步恐怕确实是难了些。案例中的这家企业应该加大市场营销能力，通过市场营销吸引更多的客户认识企业，对企业产生好感。在这种情况下，企业再设计出一套销售流程，按照销售流程逐步与客户进行沟通，加大客户对企业产品的信任度。这样，销售环节的难度系数就会被降低，这才是对企业存在的问题的正解。

通过这个案例我们发现，企业表面上存在的问题不一定是能直接影响企业创造价值的能力。因为企业是一个独立的系统，市场营销和产品销售分别是这个系统中的两个环节。企业要想提升创造价值的能力，首先要寻找到那个最弱的环节，这个最弱的环节叫做瓶颈。所以，我们在分析什么在影响企业的发展时，一定要站在系统的高度，而不是站在所在职能部门的高度看问题。

四、企业系统的特性表现

企业系统的特性表现在其具有生命特性，它对客户服务的过程是由一整套存在因果联系的各个环节组成，企业必须完成所有环节才能实现对客户的服务。企业不论是在做整体战略决策时，还是在进行企业问题改善时，都要站在系统的角度进行。否则，很容易出现问题改善了但业绩并没有得到提升的局面。很多企业由于在解决问题的时候没有找到问题的核心，不仅没有解决问题，反而使问题变得复杂化。所以，企业在提升自己的价值创造能力的时候，必须坚决否定过去的局部观念，不断改变企业的系统观念。否则，即使有成熟的方案和管理方法，企业都会绕道而行，无法展现出其应有的效果。

企业要想实现管理目标就必须谨记以下六句话：

①产出的本质不服从加法法则。
②最弱的环节决定链条的强度。
③任何一个环节的改善不等于链条的改善。
④局部改善对组织整体而言并没有多大改善。
⑤局部改善并不是组织整体改善的指针。
⑥好的整体绩效并不等于好的局部绩效的总和。

第二节 有效产出观

我们知道，高效实现目标的最佳方法是以目标为中心完成各项工作，在需要进行决策的过程中，应以目标的实现为决策依据，这是实现目标不走弯路的最佳方法。企业的目标是赚钱，那么，企业的各项管理工作以及管理决策都应该以此为依据。遗憾的是，大多数管理人员根本不懂会计学，连必须学习的管理会计学都不会。

在企业的日常管理中，经常会出现局部绩效和企业整体绩效发生冲突的情况。面对这样的现象，很多时候，人们会选择局部绩效。造成这样结果的一个非常重要的原因就是：在决策过程中缺乏管理会计的支持。例如，一家企业的营销部门为了完成月度销售指标，在权利范围内，过高地向客户承诺交期，而忽略了企业的实际状况。如果这时企业的生产压力较大，供货交期就会出现问题。其实，很多时候，客户对交期并不是那么急切，但是，由于我们的销售人员在承诺交期的时候，为了加大订单的成交率，人为地给生产部门制造出一个难题。生产部门为了能够及时完成订单，就需要进行适当的外包和增加加班次数，从而增加了企业的生产成本，降低了企业的利润额。面对这样的现象，我们不能说销售人员做的不对，只是因为我们的决策者在决策的时候没有应用会计管理方法。如果他们进行简单的会计分析，就不会出现这种情况。所以，企业的中高层人员必须学习会计管理。

即使企业的管理人员学习了一定的管理会计和成本会计知识，恐怕也不一定能够作出正确的决策，因为我们的传统会计学中本身就存在误导。我们知道，在管理会计中，每个月都会做出三张报表，它们分别是：负债表、盈亏平衡表、现金流表。企业可以通过这三张报表了解自己的月度经营情况。而很多民营企业是没有这三张报表的，企业是否赚钱是依靠平时的经验估算，往往只有到年底的时候，他们才知道企业的具体经营状况。我们假设一家企业的会计管理比较完善，管理人员也能看懂企业管理的三张报表。在报表中有一个非常严重的问题就是，管理会计非常注重成本管理，甚至在会计管理方法中有专门的成本会计管理。也就是说，管理会计和成本会计认为企业的利润是用销售价格减去成本，那么，只要降低成本，就可以提升企业的利润额。首先，我不反对上述的这个计算方式，但是，如果企业以这样的财务数据作为决策的依据，是有很大问题的。企业在日常管理过程中是不可能对任何问题先进行复杂的财务计算，然后作出管理和工作决策的。这个时候，如果人们是以最低成本为决策的依据，从而省略掉对财务的计算分析，那就会出现问题。因为这个时候，不论是企业的终极管理目标，还是大家的日常工作目标，都悄然发生了改变，大家更加关注的是成本，而不是利润。这样反而会给企业带来经营损失，这样的案例有很多。

案例分享12：成本陷阱

在江苏常州有家生产服装的民营企业。他们在创立之初非常艰难，正如很多民营企业家一样，他们先是得到了一笔外包订单，租借了半间厂房，甚至一部分员工都是共用别的企业的。企业做完了这笔订单后，后续订单接得并不顺利，于是，企业的资金出现了短缺。为了继续经营下去，老板甚至借完了所有亲戚朋友的钱。最终，总算功夫不负有心人，企业逐渐壮大起来了。由于得到了银行的支持，这家企业建起了属于自己的现代化厂房。令人没有想到的是，当这家企业因没钱而到处借钱的时候，当他们没有厂房只能租借别人半间厂房的时候，当他们的员工不够而全员齐上阵的时候，该企业尚处于快速发展的状态；而当他们拥有了现代化的厂房，拥有了自己的高素质团

成本陷阱

队的时候，却发展不下去了，经营业绩出现了严重下滑。这样的民营企业并不少见。当很多民营企业搬入现代化厂房的时候，他们本以为自己的企业会再一次的快速发展，但事实往往是企业依然不景气，甚至因为对建设厂房的资金投入，增加了企业的资金压力。原因很简单——很少有企业会因为厂房不够漂亮而影响自身的发展，因为市场只认企业的价值创造力，它不会因为企业拥有了现代化的厂房而对企业倍加青睐。

这家企业过去虽然经营状况一般，但并不存在资金问题，现在这家企业却存在资金链断裂的危险。我们对这家企业进行调研后发现，他们为了降低成本采用了很多具有特色的管理方法。例如，他们为了降低员工的饮水成本，每个月给每个员工补助5元钱，然后，由员工自己购买水喝。很多员工抱怨这些钱根本不够，他们只好自己集资购买纯净水。员工餐每个人每顿饭的标准是2.5元，导致员工不愿意吃食堂的饭，只好自己带饭，但企业又不允许员工自己带饭吃。于是，员工中午基本是凑合吃两口，晚上加班到七八点后回家再吃。

由于企业这样对待员工，导致员工的工作效率和积极性都很低，包括企业的管理人员都是怨声不断，企业的生产管理效率自然也是非常的低。这时，企业为了能够及时完成订单，同时降低生产成本，将大量订单外包。由于企业将外包价格降得非常低，导致外包供应商只愿意接大批量、少品种的订单，因为批量大、种类少加工效率高。这样一来，大量少批量、多品种的订单就交由这家企业自己的员工来生产完成。由于加工难度大、效率低，员工赚到的工资自然也就少了。由于赚钱少、工作环境又不佳，导致大量员工离职。尤其到年底时，员工离职的现象更是严重。每到过完春节，企业的管理人员就要挨个打电话，请员工过来，甚至企业的董事长都要开车到附近的员工家里去请员工来上班。在这种情况下，企业连最基础的考勤工作都无法完成，因为员工一生气就不来了，企业还得去请。

对于上面案例中这样的企业，我们又能说什么呢？企业为了提升赚钱能力，降低经营成本本身是没有任何错误的。但是，当企业的经营目标是以降低成本为目标的时候，企业就存在问题了，企业就会人为地制造出很多问题。这样的案例有很多，例如，很多企业在规模还很小的时候只需要几个客户信任自己，愿意和自己合作就可以了。但是，当企业的规模不断壮大的时候，企业就需要大量的订单和更大的市场。这个时候，企业光靠一两个人的营销工作是无法完成的，企业就需要进行市场营销。可是，很多企业只愿意完善销售流程，招聘或培训销售人员，而不愿意增加对营销成本的投入，这就是最为常见和最为典型的成本观对企业的危害。

注重成本管控本来对企业是有益的，但是，忽略了企业的赚钱目标，就会产生适得其反的效果，所以，企业要建立有效产出观。

有效产出观就是企业要以有效产出为目标，因为这样才符合企业以赚钱为目标的经营宗旨。有效产出观衡量的不是企业的每个决策或者每一笔订单赚了多少利润，而是企业的赚钱速度增加了多少。企业的赚钱速度用什么来衡量呢？解决这个问题，首先，要量化并判断出企业会创造出多大的价值，这个价值转换为价格是多少；然后，收集和整理因此需要付出的变动成本，这里对于固定不变的成本是不计算的，而只是对那些发现变化的成本进行统计；最后，用价值评估处理的价格减去需要为之付出的变动成本，就可以得到做这件事对赚钱速度的影响。在对决策选项进行结果预测的时候，那个赚钱速度最快的，也就是计算数值最大的，我们称之为有效产出。关于有效产出有专门的管理会计方法，我们称这种管理会计为"有效产出会计"。

企业的任何决策都要以提升有效产出为目标，如果某件事情虽然增加了动态成本，但可以创造出更多的价值，可以提升企业的赚钱速度，这时，我们就可以进行投资。管控成本不是企业的经营目标，而赚钱才是。所以，只有能提升企业赚钱速度的事情，企业才可以去做。

第三节　逻辑观

　　企业的很多问题都存在着逻辑关系。我们在解决问题的时候，都喜欢直接就问题而解决问题，却忽视了问题背后的原因，这也是为什么很多问题越解决越复杂，甚至企业付出了很多努力但依然无法解决问题。例如，一个人生病了，他感觉头痛、鼻子不通气、四肢酸疼无力，这个时候，我们自然而然会想到这个人得了感冒，他需要大量喝水，多休息，严重的要吃一些感冒药。应该不会有人因为头痛而吃止疼片，因为鼻子不通气而点鼻通灵，因为四肢酸疼而贴膏药。但是，很多企业在遇到问题的时候就会这样做，而且，这样做的企业还很多。

　　当企业出现问题的时候，我们要通过因果关系进行分析，然后找到核心问题，再进行解决，而不是盲目地就问题而解决问题，这就是逻辑观给我们的一个非常重要的启示。

　　当我们遇到问题需要解决的时候，往往会以过去的经验作为参考条件，然后制定出解决方案，就像为什么有的人不愿意吃辣椒，因为他之前被辣椒辣过，他不想再体会那种滋味。他之前被辣椒辣过是个人的经验，后来每当吃饭的时候，他都会选择没有辣椒的菜，这是他根据经验作出的选择。我们的传统思维方式就是这样的，但是，我们却忽略了这个经验本身是否正确，或者这个经验只能代表个别现象而不能代表全部。比如,随着这个人的年龄增长,这种辣味已经不能让他感到不适。也就是说,这个经验已经过时,已经不具备参考价值。所以,我们在作出决策的时候,不要盲目地参考所谓的经验,我们要尊重经验,但更要遵循因果逻辑。

一、要讲逻辑,不能完全依靠感觉或经验

企业的管理要讲逻辑,不能完全依靠感觉或者经验。企业的管理过程要符合逻辑,不能够想当然,凭借着自己的认知,感觉是什么就认定是什么。

二、不断总结出新的经验

随着时间的推移,很多经验也会失效。在某个特定的环节下,经验是可以帮助我们的,甚至是非常宝贵的。但是,经验是需要在不断的学习和实践中产生的,并且,我们在学习和实践中还要放弃那些旧的经验,不断总结出新的经验,这才是有效的学习。不论是人的成长,还是企业的成长,都是靠这个过程实现的,没有一成不变的经验。

我们发现现在很多一夜成名的企业都是打破了行业的经营经验或者技术经验,总之,他们一定是比同行业有了突破性的改变。例如,当大家都在抱怨手机行业成本增加、利润减少、市场不景气的时候,苹果公司宣布要进入手机市场。这个时候,很多所谓的专家都出来评论说不看好,可是,结果我们已经看到了,在这里就不再讲了。那为什么这么多不看好的人失策了呢,甚至包括行业的知名人士?原因就在于他们是采用过去的行业经验进行判断的,而苹果公司却没有遵循传统行业模式,而是将行业的经验模式作为打破的对象。

三、尊重经验,面向未来

一个把传统行业经验作为指南针的经营者,如何能比得上一个打破传统行业经验的人呢?说到这里,有人会问,那经验就没有价值了吗?不是的,经验依然有它的价值,它可以规避一些错误的重复发生。

案例分享 13：原来如此

有一家研究所引进了两名博士。这两名博士到了研究所后，对老研究员们的很多做法不是很认同。所以，他们和老研究员间的关系不是太好。

节假日的某一天，他们透过窗户看研究所宿舍外的风景的时候，发现研究所的墙外有一个小池塘，这个池塘有一部分在研究所的里边，有一部分在外边，中间被围墙（围墙中间有一扇敞开的门）隔断，在墙外的池塘边有两个老研究员在那里钓鱼。于是，他们也打算出去钓鱼。虽然这个池塘的一小半在研究所内，但如果想要到围墙外的池塘上去钓鱼，他们需要绕很大一圈才能到达。最后，他们还是带着钓鱼工具走了很长的一段路，到了研究所外的池塘边，找了一个好地方开始钓鱼。

钓了一段时间，他们突然想上厕所，但是，周围根本没有厕所，要想上厕所，必须到宿舍去，到宿舍又那么远，于是，他们就尽量忍着。过了一会儿，他们发现一位老研究员从池塘的水面上踩着水跑到了研究所池塘的岸边。他们感觉非常惊奇，也想试一试，但是，又担心掉入池塘中。所以，他们依然是忍着。等了一会儿，他们发现那个老研究员采用同样的方法从对岸踩着水跑步回来，真可谓是传说中的"水上漂"。他们在想：是不是这个水有什么特别的地方。过了一会儿，另一个老研究员也是按照同样的办法来了两次"水上漂"的表演。这时，他们实在是忍不住了，大胆地迈步踩向水面，没想到他们一下子掉入水中。那两个老研究员发现后，将他们拉出水面。两名老研究员告诉他们，原来这个池塘上有一座用木头做的浮桥，前一段时间下了一场大雨，浮桥被水覆盖住了，从外边不细看是看不出来的。这两位老研究员经常走这个浮桥，所以，凭借着经验，依然可以踩在浮桥上走过去。这时，他们才恍然大悟。

四、经验是供成功者挑战的

当企业还不能打破过去的经验，就要依靠企业自己总结出来的经验，但是，还要时时考虑如何将现有的经验完全消灭掉，从而创造出新的经验。经验是一个企业的财富，能够打破经验是一个企业的发展动力。

案例分享 14：用不完的经验，开不完的会

在上海工业园区有一家企业是给船舶制造厂生产配件的，他们是国内某知名上市集团的子公司，他们建厂时直接一次性投资就达三亿多元。同时，他们也接到了中国最大的船舶制造商的订单。就在生意如日中天的时候，该企业的生产管理出现了一系列的问题。用他们的话讲，他们的问题实在是太多了，他们感觉解决掉的问题没有产生的新问题多，甚至他们的大客户已经对他们非常不满了，一直在缩减订单，他们感觉非常危险。就在这个时候，他们请我到他们的企业中帮他们看看。

到了该企业后，首先让我感慨的是他们的规模。用他们的话讲，他们的企业在硬件上已经达到国内同行的顶级水平。但是，他们到现在还在亏损，做的越多，亏损的越多。于是，我和这家企业的各部门高管进行了一对一的访谈；而且，又看了看他们的一些管理数据。通过访谈，我获得了一些信息。其中有一件事，用他们的话讲，他们现在最怕的事情就是开会，他们每个月的开会时间已经占到了工作时间的一半。经过一天的简单调研和协商，我要求参加他们的会议，了解一下实际情况。原来，他们从国内知名的国有企业聘请来两位离退休的高管，并且，从别的企业中又挖来几个高级工程师。这些人就自然而然地成为了这家企业的管理权威和技术权威。原来的管理制度文件等都被他们废止了，用他们聘请的副总经理的话讲：我在船舶生产企业工作了大半辈子，我所讲的都是最科学的，如果按照我的经验做，什么问题都将不是问题。我发现当他们遇到问题需要解决的时候，他们会讲很多原因，大多数时间都是在讨论，争论究竟是谁的责任。最后，实在无法解释的时候他们就会讲："我们在原来企业的时候就是这样啊。"比如，他们有一些产品喷塑的合格率不到 50%，有时候，一批产品他们要喷塑两三次才能完成。而且，一直出现质量问题。每次问到如何解决这个问题的时候，高级工程师们的回答都是："这是正常的，我们现在的情况已经是最好的了。"当有人问，"别的企业也是这样吗？××企业不是这样的啊！"他们会用非常高超的语言表达技巧搪塞过去。在他们的会议中，我发现他们已经不是对经验过度依赖，甚至对经验产生了崇拜！当遇到问题的时候，谁能讲出这个事情按照经验怎

第一篇 企业的生命特质——系统特性

用不完的经验，开不完的会

么样之类的话，谁就马上会很有面子。那些年轻人，或是基本没有什么经验的人，也学着这样去思考问题，甚至有人认为：昨天就发生了这个问题，所以，今天发生这样的问题没什么奇怪的啊。

  对于案例中的这家企业而言，已经不是经验对错的问题了，而是他们已经形成了崇拜经验的文化。他们靠经验指导管理，靠经验完成生产，经验的多少决定一个人的能力高低。我们不反对经验的价值，是因为我们尊重一个人的工作经历和一个人的过去；我们看重经验，是因为我们希望提升解决问题的能力，从而提高我们的工作效率。可惜，他们的经验却成为了他们否定其他一切方案的权力，成为了他们无视规则和制度的参考工具，成为了一切低绩效存在的理由。如果经验不是用来帮助人们继续发展，而是用来限定改善的话，留它还有什么用呢？当你认为一件事情是不可改变的，那么，不论这件事情多简单，对于你来讲，都是一座无法逾越的大山。当你认为这个事情是可以改变的，那么，不论这个事情多么复杂，对于你来讲，都有广阔的前景，只是需要消耗一些精力而已。

第四节　动态调整观

　　世间的任何事物都是随着时间和空间的推移而发生着变化，没有一成不变的事物。就像我们在物理课上学过的，运动是永恒的，静止是相对的。我们在经营企业的过程中要以动态的观念来看待每一项工作，尤其当代社会事物的发展速度非常快，已和过去那种"一招打遍天下无敌手"的时代不一样了。

　　很多企业的管理人员都希望能够学习到一种可以解决一切问题的管理方法。我们不妨仔细想一下，如果真有这种方法，为什么很多企业还要互相学习，还要不断研究出新的管理方法呢？可见，企业发展进步的一个重要表现就在于它的管理系统的升级突破。如果是一成不变的，还想产生改善，那是不可能的事情。就像一个人每天做同样的事情，却期望不同的结果，恐怕所期望的结果在梦里都很难实现。有些企业引进了国外很多先进的管理方法，其中最具代表性的是5S、QCC、精益生产、六西格玛。对于这些管理方法，先不要说使用它们后能达到什么效果，又有几个企业能够做到持续推进的呢？很多企业推行一段时间后，随着人们的热情渐渐地减退，推进计划也就逐渐消失了，企业的高管也默认了这样的结果。美国生产管理权威机构APICS（美国生产与库存管理协会）做了详细的调查，发现很多企业导入精益生产、六西格玛等管理方法后，一部分企业根本没有产生什么改善效果，只是多了一些虚假的数据。

案例分享 15：不拉马的炮兵

一位年轻有为的炮兵军官上任伊始，到下属部队参观炮团演习。他发现有一个班的 11 个人把大炮安装好，每个人各就各位，但其中有一个人站在旁边一动不动，直到整个演习结束，这个人也没有做任何事。军官感到奇怪，问："这个人没做任何动作，也没什么事情，他是干什么的？"大家一愣，说："原来在培训教材里就是讲这样编队的，一个炮班有 11 个人，其中一个人站在这个地方。我们也不知道为什么。"军官回去后，经查阅资料才知道这一个人的由来。原来，早期的大炮是用马拉的，炮车到了战场上，大炮一响，马就要跳、就要跑，这个士兵就负责拉马。

事物是发展变化的，如果我们还用过去的老眼光去看新事物，会产生很多不理解。随着环境等条件的变化，我们也要进行变化。在上文的这个故事中，一个炮班需要 11 个人，而其中有一个人的工作职责是负责拉马。在过去这样是非常正确的；但是，在机械化的现代，还是按照这个编制行事就不合理了。

案例分享 16：护花使者

有一天，俄国的一位王储到他们的国家广场去游玩。王储看见有一个士兵站在一个非常奇怪的位置，于是，他叫贴身侍卫问这个士兵为什么要站在那里。贴身侍卫就过去问这个士兵，士兵回答说："我也不知道，我的班长让我这么做的。"后来，贴身侍卫就去问这个士兵的班长，班长的回答跟士兵的基本一样。一直追查到集团军司令员那里，人们才知道为什么这个卫兵要站在广场的那个位置。原来，这个王储的曾祖母曾到这里游玩，有一次，她发现在广场地面的石砖缝隙中长出了一朵小花，她怕花被人践踏了，所以，派了一个人站在这里护卫。

事物是变化发展的，我们在作决策的时候，一定要审时度势，参考最正确的前提条件。

在企业管理过程中，我们常常会以静止的观点去看待问题。我们在上学的时候就学习过相对论，在相对论中讲到，静止是相对的，而运动是绝对的，可见，我们还是要以运动的思想来看待问题。事物每分每秒都在发生变化，我们如果只是站在过去的角度看待事物，事物就永远不会发展变化。

案例分享17：只赚到了九牛中的一毛

在陕西有一家企业是生产涡轮叶片的，他们拥有国内最大的叶片生产设备和生产技术，他们在国内是非常有名气的。在造三峡水坝发电厂的时候，邀请他们投标。当他们得知三峡大坝所要的涡轮叶片体积非常大，而且，客户给的时间根本不够的时候，虽然对方给出了可观的价格，他们也有些犹豫，他们考虑到自己的机器是可以加工出来的，却无法将零件运送到客户那里。首先，汽运是绝对不可能的，因为零件的重量和体积都是公路交通所不容许的。如果靠铁路运输的话，运输到三峡的过程中需要路过几个隧道，零件的体积大，根本过不去。三峡水利工程项目组给的生产周期也不够，他们认为时间最少要三倍才够满足生产需要。最后，他们给对方的回答是，这个单我们接不了。

这家企业以为他们做不了，在国内就不可能再有企业可以完成这个订单了，客户会因此修改设计图纸。没想到，没过多长时间，一家南方的企业接到了这笔订单。这家企业不大，但是，他们想出来一个办法——将零件分成几部分分别加工，然后组装在一起。这样，通过外包和分别加工不仅可以节省生产时间，还为铁路运输提供了方便。最后，这家企业通过和三峡水利工程项目组的商讨和论证，使自己的方案得到了认可，接到了这笔订单。而陕西的这家企业最后成为了南方那家企业的外包供应商，他们只是从中赚到了一点加工费。

在上述案例中，陕西的这家企业是自己主动提出不接订单的，他们认为这个订单根本无法完成。他们之所以作出这样的决定，其前提条件是，他们认为零件的设计图纸是无法修改的，即使把他们的生产设备都用上也无法满足生产，他们所能想到的运输方式都无法完成运输。南方的那家企业只是对前提条件进行了调整，结果就发生变化了。由此可见，我们在思考问题的时候一定要灵活，而不要静止地思考问题。

第二篇

突破企业发展瓶颈——
　　聚焦五步骤

第一章
企业经营目标的管理

企业的经营目标是赚钱,这是一个企业永恒的目标,至于企业赚到钱后是回报社会,还是用于个人的需求,这就是另外一件事了。

我们从社会资源的角度来审视企业为什么要以赚钱为目标。企业是由一系列的社会资源组成,例如,人力资源、土地资源、原材料资源、资金资源等,如果企业不能通过这些资源创造财富,那么,就等于浪费了这些资源。毕竟所有的资源是有限的,既然企业占有了社会资源,就请企业一定要为社会服务,满足社会物质文化和精神文明的发展所需。

本章导读

第一节　持续改善是卓越企业的必经之路
第二节　如何制定改善方案

第一节　持续改善是卓越企业的必经之路

一、遵循经济发展规律，正确引导企业发展

很多企业管理者在面对企业如何作出正确选择的时候，会更愿意选择那些没有任何安全隐患的方案。可惜，世间根本没有这种好事，任何事情都具有两面性，就像一把剑有两面剑刃一样。安全本身和改革是有冲突的，我们只可能降低这个冲突带来的负面影响，但无法消灭这个冲突。所以，改革怎么可能没有风险呢？成功怎么能没有付出呢？可见，一个企业要想发展是无法选择安逸的，因为社会在不断地发展，经济也在发展，这时的企业如果不发展，就会被淘汰。很多企业认为他们的规模较大，资金雄厚，并且，有足够的市场。但是，你不要忘记，当市场在自由选择的时候，这个选择是有目标的，不是漫无目标的。这个目标就是三化：标准化、专业化、工业化。当市场抛弃你的时候，不论我们的企业拥有多少财富，都会被慢慢地消耗掉。所以，企业不发展是无法生存下去的。很可惜，很多企业却恰恰缺乏这种居安思危的心态，他们发展起来后想到的更多的是如何守财。其实，不论企业做多大，它也只是社会中的一员，当社会要进行资源重新调整的时候，那些最符合社会经济发展目标的企业就会存活下来，而那些较差的企业就会消失

在历史的长河中。

二、要想发展，唯有改变

当一个企业希望能够不断发展的时候，所要做的事情就是进行改变。很多怀抱幻想的人希望在企业改变的过程中，千万不要有任何负面影响，因为他们只能承受成功，却无法接受挫折。其实，很多管理人员都明白，企业要想生存和发展，就必须不断地进行改变，企业只有发生改变了，才有可能实现发展目标。但是，当他们发现改变会产生一系列负面问题的时候，他们就会马上止步，因为他们的成功实在是来之不易。可是，正因为企业的成功来之不易，尤其是那些民营企业，就更需要寻求发展，因为只有选择了发展，企业才能更长久地生存下来。

很多人都认为，所谓的改变一定是一场革命。如果你是这样理解的话，那就完全错误了。因为革命是一种迫不得已的行为，企业只有到了生存出现较大挑战的时候才能选择是否要进行一场革命性的改革。我不建议企业随意地进行革命性的改革，因为这个风险实在是太大了，不到必要的时刻，企业完全没有必要进行改革。我更赞成企业进行持续改善式的发展。我曾经遇到过很多企业，可能是由于他们的欲望不断膨胀，这些企业希望通过一次革命性的改革，实现质的飞跃。再加上他们看了一些成功的个别案例，就萌生出进行改革的想法。这些企业往往都是平时不重视持续改善，突然间发现了他们心目中的标杆，于是，就开始了疯狂地复制。所以，很多先进的管理方法经常会被当作一种流行时尚被企业接受和使用，这也是为什么当很多企业进行模式导入的时候发现改革并没有给企业带来益处，反而使企业的发展受到了影响。

一家成功的企业之所以得到人们的尊重，就是因为它的成功，它不是因为运气好才发展起来的，而是因为它顺应了社会经济的发展需要，按照市场经济的发展要求，对企业进行持续化的改善。那么，企业应该如何进行改善呢？很多管理人员会认为，企业的发展主要是依靠人员，所以，企业要想实现快速发展，就必须拥有更多的人才。首先，这个观点本身是没有问题的，但是，最重要的是，企业需要多少行业人才呢？要知道，企业的每一个工作岗位的价值是要通过一个特定状态来进行验证的。也就是说，即使一个非常普通的岗位，工作人员的一个疏忽也会产生问题，如果这个问题不能被及时发现和处理，那么，它就会演变成为一个重大的问题事件。所以，企业发展所要依靠的不是个别的"工匠"型人才，而是一个优秀的经营系统。如何让每一个员工都能展现自己的才华，如何确保每一个员工都能提供企业所需要的工作结果呢？一个好的经营系统可以实现这个改善效果，这也是一个企业持续改善的对象。当我们认为一切问题的根源是人的时候，我们所面对的改善对象就是人。然而，改造一个人是何其难啊！怎么做呢？如果他不知道自己的岗位职责，我们就有必要明确地告诉他；如果他不知道事情如何做，我们可以通过完善的工作流程让他学会如何去做；如果他不愿意做好事情，我们可以通过绩效管理体系激发他把事情做好，这才是正解。所以，企业要改变的不是人，而是企业的经营系统。

三、改变不等于改善

很多企业认为只要进行改变了，企业就实现了改善，就成功地实现了一次发展。实际上，改变也有多种，正确的改变才是改善行为。很多企业误以为只要引进了先进的管理思想和方法，就完成了一次改善。这种抛弃企业的发展目标所采取的改变行为，对于企业来讲，根本谈不上改善。

案例分享 18：设备自动化设计害了企业

我曾经辅导过一家企业，这家企业是做电子产品表面喷涂处理工艺的。他们的发展速度很快，这主要归功于他们的生产质量稳定，很多公司非常看好他们，愿意把订单给他们。于是，这家企业意识到了这个难得的发展机遇，准备通过新的自动化生产线的导入，降低不断增加的人工成本，并且，提升企业的生产效率。我们知道，企业引进新设备，并且是自动化更先进的设备，不论是对于产品质量的稳定性，还是对于生产产能以及效率的提升都是非常有利的行为。于是，这家企业通过银行贷款，建造了新的厂房和新的自动化生产线。正当他们准备实现发展目标的时候，企业生产过程中的一系列问题爆发了。企业过去旧的生产线是属于半自动化的。也就是说，一大部分工序需要手工完成，而企业导入的新生产线则是采用完全自动化的设备，这样一来，人工成本大幅降低了，但是，新生产线对订单的要求却很高，企业所接的必须是大批量、少品种的订单。而自动化生产线对技术支持要求很高，因为一旦出现问题，就是批量性的质量问题（自动化设备运转很快，如果发现问题不及时，一个批次的产品都会出现问题）。

突如其来的问题让该企业措手不及。再加上该企业虽然生产规模增加了，但在同行中仍属于产能较小的企业，所以，他们接到的订单是增加了，但是，大多都是小批量、多品种的订单。这样一来，一批订单的生产周期只要两个小时，而换线时间却要四个多小时。并且，频繁地换线必然导致产品质量的不稳定。最后，不论他们如何向客户解释，客户只是表示同情，但原则依然是原则，不能改变。结果，这家企业的订单不断被缩减。后来，这家企业不得已对自动化生产线进行改造，希望恢复过去的半自动化生产方式；当订单量大的时候，再进行自动化生产。这时，企业的做法是正确了，但是，由于之前的错误改变，导致企业损失巨大，这个损失需要企业通过较长的时间慢慢弥补。

上述案例中的那家企业希望能够通过一次变革实现跨越式的发展，但是，该企业平时不注重持续改善，基础管理能力以及应急处理能力较差，在这种情况下，盲目的改变行为会让企业招致灭顶之灾。

看似正确的改变行为，所产生的结果却不一定是改善行为。很多企业认为，只要企业的改变行为有利于提升员工的工作积极性和工作效率，提高市场订单量，降低生产成本，那么，这个改变对于企业来讲，就是正确的改变行为。其实，这样的思考本身就是错误的，因为我们忽略了企业是一个系统，企业的任何改变都要遵循此次改变是否能够融入企业这个系统，企业系统是否能够承受这次改变。这方面的案例有很多。例如，有些企业为了提升管理效率，决定导入ERP系统。在导入的过程中又好大喜功，希望能够一次性到位，忽略了企业系统本身是否能够适应的问题。结果当软件系统导入后，企业的管理效率并没有提升，反而增加了一些无用的填写数据的工作，企业员工的工作效率急剧降低！还有很多企业导入ERP系统后，不到一周的时候，系统里的数据就没有人敢相信了……当这些企业进行自我反思的时候，他们发现企业的管理本身就非常混乱，企业的组织架构错乱，部门间的工作职责分工不清，很多员工的专业能力较差，在这种情况下，他们是无法按照 ERP 规定的工作流程完成工作的，因为企业想要员工做什么只是一个结果，如何做、怎么做、怎么样确保按规定做才是关键。可见，企业在进行改变的过程中，不能只是关注改变方案本身是否满足企业的期望，而是要站在系统的角度，分析和研究企业的发展瓶颈，然后，针对这个发展瓶颈制定改善方案。

四、持续解决问题，不是持续改善

很多管理者对持续改善的理解非常的狭隘，他们认为只要不断消灭企业存在的问题，企业就是在持续发展。其实，解决问题不完全是持续改善行为，甚至大多数问题的解决过程都不属于持续改善行为。因为企业在解决问题的时候，会发现很多问题都是因人为的失误导致的。如果我们只是就问题而解决问题，忽略了造成问题的核心原因，即使我们解决再多的问题，也只能是一种高效的救火行为，而不是真正意义上的持续改善行为。

任何企业在发展的过程中，一定会出现各种各样的问题，这些问题从来都不是单个存在的，它们往往是互相有关联的且同时出现，为什么会出现这种现象？那是因为企业的问题都是由于企业在经营的过程中，某项价值创造能力或者说某项运营资源不能满足经营发展的需要，这个时候就会导致一系列的关联问题的产生。例如，企业的生产管理过程缺乏标准化的管理，很多生产依靠员工的经验完成，甚至生产现场没有专业的管理人员，很多问题不能得到重视，只有当问题逐渐变大后，才会得到中高层管理人员的重视。由于这样的问题存在，当企业的订单快速增加后，企业由于没有足够的有经验的员工，导致在生产过程中出现很多浪费行为；然后，这些问题就会影响企业准时、高品质地完成交货；最后，就会带来客户的投诉和不满。于是，客户就会减少订单量，或者直接停止下订单。企业面对这样的问题，往往通过加大生产现场的质量抽查频率，加大生产现场的绩效考核力度，降低销售价格等方法留住客户。最后，也许客户被企业的诚意感动，愿意再合作一段时间。但是，错误的改善措施导致生产现场的检验成本增加了，员工由于无法接受高于自己承受能力范围的绩效管理而选择离开企业，从而进一步导致员工的熟练程度越来越低。最后，导致生产现场发生问题的几率增大。这就会形成一个恶性循环，员工的离职率高了，企业对人力资源部门的招聘和员工培训的要求就会提高。如果这时人力资源部门的管理能力并不能满足企业的需要，那么，就会导致员工专业能力差的问题扩大化。在这种问题愈演愈烈的情况下，企业对中高层管理人员的应急管理能力的要求就会增加。这个时候，如果管理人员由于平时不注重这方面的学习和提升，工作压力会不断加大，最后就会导致中高层管理人员出现流失。由于中高层管理人员的流失加快，导致很多管理问题的爆发，这时，企业的高层管理人员越来越不满，最后，就会采取极端的管理方式——企业为了逃脱不断增加的烦恼，尝试着模仿同行，引进新的管理模式。可惜，在这种情况下的模仿并不是明智之举。

企业往往会认为问题解决的过程就是持续改善，是企业发展的需要，但事实是，企业做了这么多的改进措施，都只是一些盲目的救火行为。真正的改善方案应该是对生产线存在的问题进行解决。例如，对生产管理工艺文件进行标准化改善，对生产员工进行持续的培训，对生产现场流程进行梳理，并制定出相应的管理标准。在这些工作都做好了之后，就可以导入一些先进的管理方法。如果企业是这样解决问题的，那么，后来产生的很多问题就会迎刃而解。所以，只有采用这种方案完成的改善行为，才算是真正的持续改善。

五、持续改善的两种路径

企业的持续改善有两条路径：一种路径是解决企业在发展过程中出现的核心问题，这是一种被动的改善行为；还有一种路径是企业根据自身的全价值链进行分析，然后，对最弱的价值创造环节进行持续的改善和提升。当然，很多时候这两种路径是一样的，因为企业在经营过程中存在的问题大多数是由于企业的发展需要不能满足市场而产生的。这两种路径的不统一，很多时候是一种特殊情况，往往是因为企业在面对发展需要的时候多个价值创造环节出现了问题。最重要的是，这种特殊情况对于一些急切希望快速发展的企业来讲，很多时候都会出现，所以，这个时候的特殊也就变得很普遍了。下面，我们通过图 2-1 进行讲解。

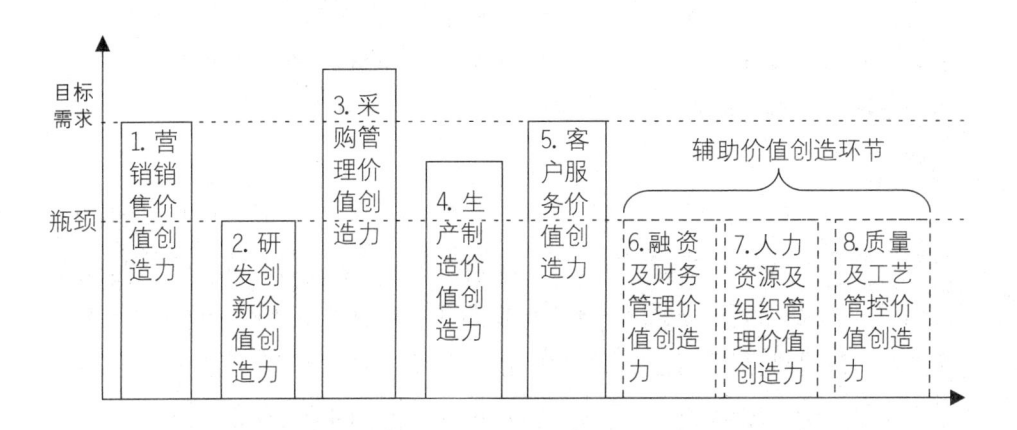

图 2-1　企业的各项价值创造力

企业的很多问题是如何产生的？企业的问题就是目标需求与实际能力之间的距离。企业的目标需求是指企业在经营的过程中，随着市场的变化和企业的战略发展需要所制定出来的经营目标。而这个经营目标往往与企业的实际接订单能力息息相关。当然，那些发展要求很高，但对自己的实际能力判断错误的企业，也会将企业的目标需求制定得高于企业的营销能力。很多民营企业就是这样，他们制定经营目标往往是以上一年的销售增长情况作为参考；然后，结合市场发展情况而定，基本上不能低于上一年的销售业绩增长额。通过图 2-1，我们发现这种制定经营目标的方式很显然是错误的，因为不切实际。这就是为什么很多企业在保证往年的销售业绩的情况下，即使市场表现良好，但企业依然感觉实现目标非常乏力的原因，因为企业的其他各项价值创造力已经严重不足。

从图 2-1 中，我们可以看出：瓶颈价值创造环节是研发创新环节，融资及财务管理价值创造力、人力资源及组织管理价值创造力和质量及工艺管控价值创造力属于辅助价值创造环节，直接影响力小于其他五个环节。所有价值创造力是根据行业的特殊性以及市场经济的发展状况而定的。

如前所述，企业的持续改善路径有两种。一般情况下，这两种路径是一样的，它们都是以提升企业的瓶颈来实现企业的持续改善，这个规律企业是无法打破的。所以，在图 2-1 中，不论企业的经营目标制定得多么高，企业都需要先从瓶颈着手改善。既然这样，企业为什么不结合瓶颈的实际价值创造力来制定经营目标呢？这样也可以减少一些问题的产生，从而加快瓶颈的持续改善。否则，企业在进行瓶颈改善的过程中，还要不断解决人为制造的问题。

　　总之，企业要想实现高效、稳定的发展，就必须以瓶颈为改善目标，进行持续改善。只有将问题简单化了，问题才变得更加容易解决。与其人为地制造出一种持续改善的途径，还不如以瓶颈的持续改善为唯一途径。当然，企业的管理升级是一个漫长的过程，企业也可以在进行瓶颈改善的过程中对其他价值创造力进行改善。不过，你要知道，此时的非瓶颈改善并不能马上带来整体价值创造力的提升，并不能让企业多赚到钱。但是，当瓶颈能力不断提升的时候，瓶颈就会发生漂移现象，之前的改善就有用了。不过，企业还是要以瓶颈改善为主，因为非瓶颈的改善只能带来成本的投入，并且，当瓶颈没有得到改善时，非瓶颈的改善成果也很难保持。

第二节　如何制定改善方案

企业的发展离不开持续改善，但是，持续改善的过程绝不能是围绕瓶颈价值创造环节，发现一个问题就解决一个问题，漫无目的地寻找和解决问题，没有计划地等待瓶颈的消灭。

企业在制定瓶颈改善方案的时候，始终要以回答下面三个问题为基础，来系统、严谨地制定持续改善方案。制定方案的过程，就是回答下面问题的过程：企业的核心问题是什么？企业的改善目标是什么？改善方案是什么？

一、企业的核心问题是什么

企业在经营的过程中，除了产生经营目标和实际供应能力的问题，还会出现各种异常，这些异常是由经营过程中的特殊情况导致的，它们发生的几率并不高，一般企业只需要进行应急处理即可，过度重视就会将问题扩大化。所以，企业在制定解决问题的方案时，一定要围绕企业的瓶颈价值创造环节，并且，经过分析寻找到引发一系列问题的核心问题。

案例分享19：问题变复杂了，还能解决吗

在安徽有一家生产普通机械设备的企业。他们生产的设备主要用于热处

理工艺，企业的前身是一家研究所的下属生产企业，后来进行所有制改革，转为民营企业。该企业转为民营企业后当年就扭亏为盈，并且，借助国内经济发展的顺风车，得到了快速的发展。该企业一开始的发展动力主要依赖于企业在当时较为先进的产品技术。但是，这家企业的业绩增长最后还是如同昙花一现，高增长没有持续几年，企业的发展速度就开始放缓。当市场经济增速放缓的时候，该企业出现了倒退的现象，甚至出现了阶段性的经营亏损。该企业为了扭转这个局面，不断地学习如何提升企业的经营能力，甚至不惜花费几百万元，让员工学习成功学和执行力等相关课程。结果，员工通过学习，职业素养到底提升多少不知道，但是，很多优秀的员工都离开了这家企业，自己创业去了，有很多人都当上了老板。该企业的总经理眼看着自己企业的发展情况还不如从企业走出去的那些员工建立的企业，更加急切希望能够改变现状。但是，不论企业如何加大管理的改善力度，其结果还是越来越差。

　　有一次，一个客户的投诉引起了该企业总经理的重视。客户反映新购买的这批设备不同于之前购买的设备，在使用过程中出现明显的异响。该企业为此展开调查，终于找到了造成问题的根本原因，那就是这批产品的某个零件虽然达到了工艺要求的公差范围，但尺寸基本都接近最大公差。其实，这个零件的工艺文件是错误的，因为这家企业的每一个零件由专门的操作工操作，这个零件的工艺标准早就进行了修改，而员工手里拿的却是之前的文件。由于只修改了很少的两个参数，所以，工艺部门没有对生产线及时更新工艺文件，只是口头通知了他们，并在图纸上进行了简单的手动修改。这样的做法在该企业很常见，没有任何人质疑。不巧的是，那天这个员工家里突然有急事，需要赶紧回去处理。按照企业的考勤管理办法，像这种因急事请假的情况，也依然作为缺勤处理，不光全勤奖金拿不到了，还对请假当天的工资处以双倍扣除。于是，这名员工就请旁边的工友帮其操作一下设备。这种事在该企业中经常发生，已经形成员工针对企业考勤管理的一个对策，现场的管理人员也只是装作不知道而已。代替完成设备操作的员工不知道工艺发生了改变，依然按照旧的工艺数据生产，当然，他之前生产过这个产品，所以，他在操作设备的时候，也没有看生产工艺文件。所以，生产出来的产品自然

问题变复杂了，还能解决吗

就存在问题了。最重要的是，企业的检验人员也没有发现，导致零件就这样被安装到了设备上。

总经理了解到生产线是以这样的方式对待企业的政策后，批评完技术工艺部，又一次"完善"了生产线的考勤管理方法——让所有员工除了每天上下班时正常的刷指纹考勤，还要在规定的固定时间段再刷一次指纹。只要考勤不全就视为旷工。员工受不了这种繁琐的考勤工作，于是，大量的员工选择离开该企业。

在上述案例中，大家也许已经发现了，这家企业的发展瓶颈就是人力资源组织管理价值创造力、企业的质量及工艺管控价值创造力。工作效率低，员工缺乏激情，生产过程的浪费严重，质量不稳定等情况，都来自于企业的这两个核心问题，它们也是企业的瓶颈问题。企业在解决这些问题的时候，没有寻找到引发问题的核心问题。如果发现问题后，通过分析找到核心问题，那么，上例中的企业就不会出现后来的错误决策了。

企业的核心问题一定是围绕企业的瓶颈问题，企业在进行改善的时候，要对企业的瓶颈问题进行分析并找到其中的核心问题；然后，进行科学、合理的改善。分析时采用鱼骨图或者线状图都可以，还可以通过因果分析法进行多次对"为什么"的反问，找到问题的根源。

二、企业的改善目标是什么

（一）不可或缺的浪漫情怀和现实主义

企业找到了问题，接下来就是要将其改善成什么样的问题了。很多管理者在进行企业决策的过程中，忽略了管理改善中的循序渐进，而追求瞬间直达内心所期望的最佳状态。我们可以将这种思想理解为人们内心的浪漫情怀。如果我们一开始所制定的改善目标本身就脱离了企业的现实状况，就会让企业在实现目标、进行改善的过程中人为地制造出大量的问题。所以，企业在制定目标的时候，一定要根据自己的实际情况。例如，"案例分享18"中的企业，该企业导入了自动化设备，本身是对生产效率的极大提升。对于大批量的订单，不仅可以极大地降低订单的生产成本，还可以提升产品质量的稳定性。在当时，企业的发展瓶颈确实集中在产能不足上，因为企业的产能不足导致大量优质订单的流失，因为客户更希望将大订单交给那些产能充足的企业。于是，这家企业扩建了厂房，导入了自动化的设备。但是，企业这个时候却忽略了一个问题，那就是企业虽然增加了产能，但之前所有的订单都是小批量的，在短时间内，很难让客户将大订单改交给自己。更重要的是，企业虽然增加了产能，但企业的整体产能在同行中依然属于较低的。对于企业来讲，还有一个更为重要的问题，就是企业之前一直都是依靠老员工熟练的手工作业，企业的工艺技术人员极少，对生产线的技术支持能力有限，过去企业即使发生了技术问题，也都会因为手工作业效率低而能够及时纠正问题。所以，这个企业希望能够通过对自动化设备的导入让产能一下子提升到原来的三倍，却忽略了自身实际的人才储备和标准化管理的能力。这就是典型的不务实——在实现目标的过程中，忽略了企业的现实情况。企业在以发展为中心的过程中，一定要以实事求是为原则。其实，"案例分享18"中的这家企业的产能只要提升一倍就可以了，并且，企业的手工作业方式暂时还是要保持的，最多升级为半自动和自动化相结合的生产方式。因为当企业的产能提升一倍时，企业的发展瓶颈已经不是企业的产能，而是营销和运营管理能力了。

任何事物都有两面性，企业的运营管理要以发展为中心，以实事求是为原则，同时，还要保持一个浪漫情怀。因为一旦要对旧的事物进行修正，采用新的事物替代，就一定会带来抵抗，这些抵抗来自于三个方面：① 行为惯性。人的行为是有惯性的，当人们习惯于某种工作方式和环境的时候，即使新的工作方式和环境有多么优越，人们都会感觉不适应。不过，这种情况也极易解决，那就是坚持新事物，只要人们能够坚持下去，就能重新审视新事物的优点。② 利益纠纷。任何改善都会影响一部分人的利益，这个利益除了金钱外，还有很多内容。例如，过去工作很轻闲，不需要承担太多的责任，现在必须要承担起一定的责任。面对这样的改善阻力，要坚持改善项目的宣导，提升改善过程中的沟通。切记，只要设定的方案是科学、合理的，企业就要坚持，决不妥协。③ 心里抗拒。这种抗拒我们可以理解为是一种莫名其妙的抗拒。产生这种抗拒的一个主要原因是，人们会认为保持原有状况就等于保持原有生活状况不变，但改变后就有可能给他造成困惑或者负面影响。面对这样的阻力,应不断地宣导和加大项目过程的透明度,最重要的还是要多沟通、多交流,让大家将心里话说出来。可见,当企业在进行持续改善的过程中,一定会遇到这样或那样的问题,这些问题可以说是形形色色,甚至会产生很多意想不到的奇特问题,但是,只要我们确立的目标没有变,我们就要坚定一个信念——坚持。人们面对任何困难都能坚持下去需要一个强大的内心,而这个强大的内心不是所有人都具备的,这个时候,企业就要创造浪漫情怀。务实与浪漫缺一不可。

(二)盯着瓶颈,参照非瓶颈,制定改善目标

企业的主要价值创造环节分为营销销售、研发创新、采购管理、生产制造、客户服务五个环节。这五个环节的能力直接决定了企业的价值创造力,从而决定了企业的赚钱能力。如图 2-1 所示,企业首先要绘制出图;然后,完成表 2-1 的统计,再根据图表分析并确定企业的瓶颈;然后,制定瓶颈改善目标;最后,根据企业的各项资源制定出改善方案。

表 2-1　　　　　　　　　　　　　　　　　企业各项价值创造力的具体统计

1	营销销售价值创造力	销售目标实现率 ___%	新客户销售额完成率 ___%	市场转化率 ___%
2	研发创新价值创造力	年度项目增加率 ___%	节点完成率 ___%	市场满意率 ___%
3	采购管理价值创造力	采购计划准交率 ___%	原材料成本降低率 ___%	原材料合格率 ___%
4	生产制造价值创造力	产值达成率 ___%	计划准交率 ___%	直通率 ___%
5	客户服务价值创造力	客户满意度 ___%	通过售后服务产生订单: 销售目标实现率 ___%	

在绘制图表的时候,企业首先要对之前一段时间的经营数据进行整理,然后,根据企业的经营状况进行科学计算。在进行数据整理和计算过程中,请注意以下几点:

① 数据中企业所制定的销售目标、产能目标、研发目标、质量目标都不可以根据主观期望制定,要根据企业的实际能力,并结合企业的战略发展

需要和关联数据进行制定,通过这样的方法制定出来的数据才具备代表性。因为起初企业并没有按照这套方式进行管理,所以,企业之前的有些数据需要修改后才能使用。例如,企业在制定销售目标的时候,往往是以去年的销售增长率、市场反映情况、新一年的市场增长情况,还有股东和董事长的期望而制定。在这种情况下,自然存在主观意愿度。正确的制定方法要在以上信息的基础上,对企业的生产能力、采购能力、设备技术能力、资金能力、营销团队实力进行评估,然后,确定销售目标。

②企业所制定的经营目标主要是针对五大主要价值创造环节。必须根据实际情况制定,尽量达到各项数据的平衡。这样,企业的浪费行为最少,实现目标过程中遇到的困难最少。

③通过最终数据确定的瓶颈,基本就是现实中的发展瓶颈。在这些数据中,我们只需要正确反映企业经营状况的数据,不需要精确的数据。因为一味地追求数据的精确,反而会浪费时间和精力。如果对分析结果有异议,可以对有异议的数据进行二次探讨;然后,再确定企业的瓶颈价值创造环节。

④企业在确定瓶颈的过程中,要以数据说话,不要被主观思想所影响。对于特殊行业或者有着特殊经营状况的企业,数据计算方式可以根据实际情况修改。

三、改善方案是什么

企业不论是在持续改善过程中,还是在解决遇到的问题时,都要遵循先找到问题,然后,制定改善目标,最后,根据实际情况编写改善方案的步骤。

(一)方案制定三要素

当企业制定好目标后,为了实现目标,必须制定出实施方案,并且,在整个方案的推行过程中,要按照项目管理方式进行管理。所谓好的方案,不是最流行和最先进的管理工具和设备的引入,而是根据企业的实际情况进行设计的。企业在设计改善方案的过程中,一定要注意,可以参考其他企业的成功模式,切不可一味地模仿、复制,即使是同行业也不可以。因为每个企业的发展历程不同,实际管理基础不同,客户群不同,更重要的是,企业文化不同。所以说,每个企业的管理模式可以相同,但管理细节不可能相同,只能是相似，而决定管理效果的往往是这些管理细节。不论企业规模的大小，都要根据自己的实际情况建造出一整套适合自己的经营模式。纵观很多资源丰富的企业，即使他们在复制别人的管理模式时，成功的几率也很低。

案例分享20：无法复制的模式

在江苏有一家生产电力工程零部件的企业，该企业成立于1992年。通过多年的发展，该企业在地区同行业中具有了一定的地位。随着越来越多的外来企业加入到该地区的市场竞争中，这家企业的市场订单越来越少，而销售价格也不断地降低。外来竞争对手多为大型企业，为了抢夺市场，这些企业不惜低利润甚至亏本销售。该企业遇到了前所未有的困难，接订单不赚钱甚至赔钱，不接订单就眼睁睁看着多年的老客户被抢走。

面对上述这种情况，该企业提出第二次创业，希望通过引入新产品，通过关联营销提升利润额。但是，事与愿违，由于新产品的生产工艺并不成熟，生产效率较低，导致新产品在市场上没有竞争力，从而给企业造成重大损失，企业的现金流出现了问题。在这种情况下，企业希望通过管理升级，从而提升员工的工作效率，降低经营成本。

这家民营企业和大多数民营企业一样，除了生产一线的员工是计件工资，其他人员的工资都是固定的，并且，多年没有进行调整。企业的总经理一般是在年底根据管理人员的表现给他们发奖金。更重要的是，这家公司的所有人员都是年薪制，每个月只是发放一定的生活费，员工如急需要钱得打申请，企业酌情处理。鉴于这种状况，企业招聘员工较难，所以，企业的一线生产大多数都承包出去，年底结算承包费用。

这家企业的人员整体素质较低，员工工作效率较低，管理基础非常薄弱，很多管理数据都没有。在这种情况下，企业的总经理带领管理层的人员到经营状况较好的企业进行参观，最后发现，他们需要提升员工的工作效率，完善人力资源体系和管理流程优化。他们发现有一家企业在这方面做得非常不错，于是决定效仿，将其复制过来。该企业选择模仿的这家企业采用KPI（关键绩效考核指标）对员工进行考核。为了确保复制效果，该企业还派遣大量人员外出学习，但新的管理方法根本推行不下去。主要原因是没有管理数据，

无法复制的模式

无法对部门和岗位进行考核，管理基础薄弱，导致的结果是：即使考核了，员工也无法达到要求。

这家企业遭到第一次挫败后，决定对管理基础先进行完善；然后，再进行标准的 KPI 考核。在对管理基础完善和人才引进培养的过程中，他们对 KPI 绩效考核管理模式进行了调整。标准的 KPI 绩效考核方式是按照各个岗位的工作内容，对其关键工作结果进行考核。如果员工实现了企业要求的工作结果，该项工作月底打分就是满分；如果员工未能完全实现目标结果，根据打分规则进行打分。最后，根据总得分发放绩效工资。鉴于企业的实际情况，要想实现这个管理结果较难，于是，他们决定缩减考核指标。然后，将岗位考核改为部门考核。具体操作手法，我在这里不做详细讲解。最后，他们把修改过的管理方式成功地推行下去了，并且，随着企业管理基础和管理基础数据的完善，企业的绩效考核管理方式也逐步实现了标准化。不过，这个 KPI 绩效考核方式仍然是有企业特色的管理方式。该企业将员工工资的发放方式改成月工资制，对于愿意将工资留在公司到年底再拿走的员工，给 5000 元到 10000 元奖励，相当于多发一个月的工资。很多员工自愿将工资留在企业，由于新的工资发放方式，人力资源部的工作更容易展开，员工的整体素质在不断提高，整体工作效率也得到了极大的提升。

企业进行持续改善方案的三要素是：工具、人、时间。首先，在制定方案时一定要确定好采用什么工具，如果企业走访别的企业时，发现了适合自己的管理模式，企业要做的是研究对方采用什么工具实现这种管理模式的。然后，根据自身的实际情况，通过这个工具制定出方案。企业在引入先进的管理工具的时候，一定先要弄清楚该工具的使用环境是什么，企业通过什么样的改善可以实现这个管理环境。然后，是人和时间。企业一定要制定出该方案推行过程中的总负责人和每个环节的负责人和监督、检查人。最后，对该方案的开始和完成节点要有明确的时间要求。

（二）正确地激励和引导

一个完整的方案一定伴随着相应的激励考核管理，因为当员工知道这个事情属于自己的工作范围，也知道如何完成这项工作时，并不代表他一定会去认真完成。这个时候，问题不在于员工，而在于企业，因为企业都没有正确完成自己的工作，为什么还要期待员工完成呢？企业这个时候的工作是什么呢？就是正确地激励和引导员工。

很多管理者认为，如果员工的积极性不足，只能是两个原因，一个是员工没有欲望，二是企业没有满足员工的欲望。这样的说法是没有任何问题的，但是，我们知道，人的欲望是很容易扩大的，在短时间内通过加大绩效考核力度是有一定的效果的。但是，企业如果一直依靠这种办法，就等于一步一步地将人的思想带向错误的方向，这样做弊病太多，不利于企业的发展。纵观那些做大、做强的企业，有几个是依靠这种激励方式发展起来的？他们依靠的是公平、公正的绩效考核方式和晋升机制，给员工一个自由发展的平台，促使员工将事情做好。他们还依靠完整的标准化工作流程，如果一个人没有按时完成工作，那么，下一个人就会因为他的原因而影响后边的工作计划，从而加重下一个人的工作压力。这就是为什么有些企业没有加班费而员工都愿意主动加班的原因，因为他们不想因为自己而给别人的工作增加压力。所以，真正有效的激励是引导出人的自主性，绩效考核不在于高，而在于公平和科学。

第二章
聚焦五步骤，实现企业持续改善

企业在进行改善之初，人们可以凭借着一时的激情面对不断产生的改善阻力，激情过后又将如何呢？企业改变的过程本身就是和旧的文化、习惯、方法进行斗争，如果我们的改善力足够强大，成功的机率就很大。在这种情况下，依靠激情做事是不够的，激发人们的改善激情只能是一种提升改善效果的辅助工作，我们主要依靠的必须是能够实现持续改善的力量。这个时候，就必须依靠目标管理以及计划管控的方法了。

本章导读

第一节　使用聚焦五步骤的注意事项
第二节　聚焦五步骤详解

第一节 使用聚焦五步骤的注意事项

任何企业管理方法都有我们需要注意的管理细节，决定一个方法的使用效果，不是我们是否懂得了这个方法，而是我们是否成功地应用了这个方法，并且，达到了我们所期望的结果。要想实现这样的结果，就需要我们一定要关注细节。往往很多好的管理方法，我们没有使用好，就是因为我们只知其一，不知其二，没有认识到这个方法的根源。是否深刻地认识了一套管理方法，就要看我们是否了解了这套管理方法中的细节和容易犯错误的地方。

一、"等量合作"决定各资源量

一个企业是由各种资源组成的，这些资源绝不是任意混乱地存在着，而是按照一个逻辑顺序存在，这个逻辑顺序就是等量合作。什么叫等量合作呢？就是企业存在的各种资源都发挥着各自的作用。例如，营销工作发挥着开拓市场，增加优质订单的作用；采购工作发挥着满足生产需求，最大可能地降低资金积压和采购成本的作用；生产线上的某一道工序的作用是对经过该道工序的半成品按照生产工艺的要求，在规定的时间内完成加工，从而确保下一道工序正常生产，等等。企业就是通过这些具有不同能力的资源，按照市场的要求，有序地完成对客户的服务。从理论上讲，这些资源量应该按照市场和客户的要求以及社会供应能力而确定。由于市场不断变化，客户要求以及社会供应能力也都随着社会的发展而在不断地变化着。不论是对于一个希望发展的企业，还是对于一个享受现状的企业来说，它们都需要一个稳定的经营状态，这就导致了在实际经营过程中企业的各项资源是按照最大可能需求量建立的。所以，静止地看待企业的各项资源能力是错误的，企业的各项资源能力都应该是动态的。

为什么企业的资源量最终要根据市场而定呢？因为即使企业的资源量再大，但市场所需要的企业的服务能力才是最终的决定因素。企业在经营的过程中，都希望能够很好地节约经营成本，因为他们深知，节约下来的每一分钱都是企业的纯利润。但很可惜，企业在控制经营成本的过程中，往往所重视的成本都不是企业的最大浪费源。而且，企业在节约成本的过程中，往往是漫无目标的，发现哪里就管控哪里；或者企业在进行成本管控的过程中，造成不该节约的地方人为地压低成本，从而导致企业资源的不平衡和赚钱能力的下降。

在实际经营过程中，企业往往会随着各种突发问题以及客户的特殊要求，还有市场的异常波动，而错误地进行各项资源的调整，从而产生了资源过剩和资源不足带来的浪费。资源过剩指的是企业的某项资源过多，企业在经营的过程中根本不需要这么多的资源，导致严重的资源浪费。资源不足的浪费是指由于某项资源不足，企业对市场的服务能力下降，从而造成利润损失和非瓶颈资源过多的浪费损失。

二、企业的关键资源是"瓶颈资源"

企业在经营的过程中，往往认为市场资源是最关键的，只要企业的市场资源壮大了，企业的赚钱能力就得到了提升。我们在前文已经说过了，企业的赚钱能力是由瓶颈决定的。即使订单增加了，但由于企业的其他能力没有达到，客户就会对企业的服务质量产生抱怨，企业即使在短时间内能够赚到较多的钱，却影响了自己未来的利润。

企业的关键资源一定是企业最缺少的资源，企业要做的就是对最差的资源进行改善，这才是一个企业的正确经营方式。

三、正确的持续改善过程是对瓶颈资源的持续改善

在企业管理学上有一个木桶理论，是说一个木桶能够装多少水，不是由这个木桶的最长木板所决定，而是由这个木桶的最短木板所决定。我们可以将企业理解成为一个木桶，这个木桶能够装多少水，就代表着企业能够赚取多少利润，而构成木桶的每一块木板就代表着企业的各项资源，这些资源都存在着高低不一的现象，就像组成木桶的各个木板长度不一。企业的发展过程就是对木桶的每一个最短木板给予加长的过程。

在前文中，我已讲过什么是持续改善，企业应该如何进行持续改善。企业的经营战略目标是利润的最大化，很多企业都希望能够在短时间内提升自己的赚钱能力。所以，企业就必须遵循持续对瓶颈资源进行改善的原则。因为企业经营的另一个战略目标是利润的持续化。那么，企业持续改善的终点是什么呢？企业持续改善的过程，就是对目前的瓶颈资源进行改善。当目前的瓶颈资源得到提升后，就会产生新的瓶颈资源，这个时候，企业的改善重点就应该转移到下一个新的瓶颈资源上。最佳的瓶颈资源改善状态是企业通过数据清晰地了解自身的各种资源能力，当瓶颈资源得到改善后，快速地调整到下一个新的瓶颈资源上，而在经营过程中以瓶颈资源能力来决定企业现阶段的经营目标。这样一来，就可以减少由于瓶颈资源能力突出而带来的负面影响，从而产生大量的经营问题，只有先知先觉，才能减少因为瓶颈资源不足而造成的经营问题，从而避免给企业带来损失。也就是说，当我们发现新的瓶颈已经让企业的经营产生问题的时候，我们再去进行改善，已经是一种纠错行为了。这时，企业需要面临损失和经营难题。所以，瓶颈对企业造成的损失往往是因为瓶颈被严重暴露出来的时候。

第二节　聚焦五步骤详解

一、什么是聚焦五步骤

（一）聚焦五步骤的定义

聚焦五步骤是一种帮助企业加快实现目标，以最经济的方法实现持续改善过程的改善工具。聚焦五步骤用于对一个独立系统的持续改善。什么样的系统是独立的呢？即一个存在唯一目标的、由存在因果联系的各项资源组成的系统。例如，当企业以赚钱为唯一目标时就是一个独立的系统；某个项目为了达成某个唯一的目标时也是一个独立的系统；某人为了得到某个事物，当确立唯一的结果目标时，也就同时形成了一个系统。

（二）聚焦五步骤可以用于各个领域

当人以某项所需结果作为奋斗目标时，就会形成一个项目系统。根据这样的定义，我们会发现聚焦五步骤不仅用于企业经营中，还可以用在对项目的管控上，以及每个人的生活中。

（三）聚焦五步骤的详解

聚焦五步骤是指为了实现目标进行持续改善的五个步骤（如图 2-2 所示），它们分别为：

①识别系统瓶颈资源。

②充分利用系统瓶颈资源。

③全面配合系统瓶颈资源。

④打破系统瓶颈资源。

⑤回到第一步，重新开始。

图 2-2 聚焦五步骤

二、识别系统瓶颈资源

（一）识别系统瓶颈资源的两个唯一

识别系统瓶颈资源是聚焦五步骤的第一步，也是聚焦五步骤最为重要的一步。如果我们把瓶颈资源找错了，那么，不论如何努力，都无法实现目标。正是因为第一步非常重要，所以，在前文的内容中，我们从不同的角度讲解了如何正确地寻找企业的瓶颈资源。这里，我们从系统的角度，讲解如何寻找系统瓶颈资源。我们要明确"两个唯一"，一个系统只有一个"唯一的目标"和"唯一的瓶颈资源"。

（二）什么是充分必要条件

一个系统是由众多资源组成的，这些资源本身是存在因果关系的。因果关系是由这些资源产生作用的前后顺序所决定，而一个系统里有哪些资源是由充分必要条件所决定的呢？也就是说，我们要实现某一个目标，就必须知道我们需要哪些资源。如何确保我们为了实现某个目标而制定的所需资源既没有遗漏，也没有多余呢？因为这些资源都需要投入，如果资源不足或者遗留，就会导致无法高效地实现目标和产生浪费现象；如果我们投入的资源过多，或者投入的资源存在无效资源，那么，就会导致浪费行为的合法化。这时，我们就需要运用充分必要条件去分析。

什么是充分必要条件？我们通过图 2-3 进行讲解。请看图 2-3，如果有事物 A 的产生就一定会导致事物 B 的出现；如果事物 A 没有产生，事物 B 就一定不会产生，这个时候，A 就是 B 的充分必要条件。如果事物 A 产生了，事物 C 不一定产生；如果事物 B 产生了，C 也不一定产生；如果事物 A 和事物 B 都产生了，事物 C 一定产生，这个时候，事物 A 和 B 分别是事物 C 的必要不充分条件，而事物 A 加事物 B 就是事物 C 的充分必要条件。

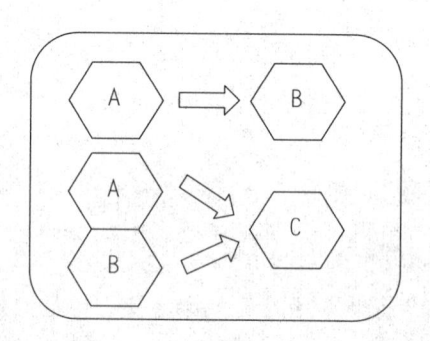

图 2-3 充分必要条件分析图

企业在寻找实现目标所需要的资源时，一定要根据充分必要条件图来进行寻找。因为只有通过充分必要条件图，才能保证我们所寻找到的资源是实现目标所需要的，也可以确保我们制定的各资源量不至于过高或者过低。对于一个已经在运营的企业来讲，一般在这个环节不需要投入太多的精力，因为企业经营目标需要哪些资源已经有比较准确的行业标准了。同时，企业已经经营多年，在经营过程中，即使在资源选择中存在问题，也已经在经受市场考验的过程中逐渐明确化了。但是，企业在寻找核心问题，并进行持续改善的过程中，依然需要用充分必要条件图来进行分析。

首先，按照图 2-4 制定出系统目标。例如，企业可以将阶段目标利润额作为企业的经营目标。随着目标的制定，这时一个系统就产生了。在制定目标的过程中，最好以最终原始目标作为系统目标。如果企业以某一方面能力的提升作为目标也可以，但这样容易造成瓶颈选择错误及各资源设定的不平衡，从而产生不必要的浪费和经营问题扩大化。然后，企业按照充分必要条件分析并寻找到一级充分必要条件，也就是实现目标所需要的必要条件。之后，对每一级必要条件进行分析，以寻找到能够实现一级条件的充分必要条件。最后一级分析也就是第三级分析，是研究实现二级条件需要完成哪些工作，以及完成这些工作的先后顺序。分析到第三级的时候，就可以明确实现最终目标需要完成哪些工作，哪些是重点工作，哪些是辅助工作，每一项工作的直接责任部门和责任人是谁。然后，由董事长或项目负责人制定出每一项工作的监督、检查人。当然，还有最重要的一项工作，就是确定完成的时间节点。

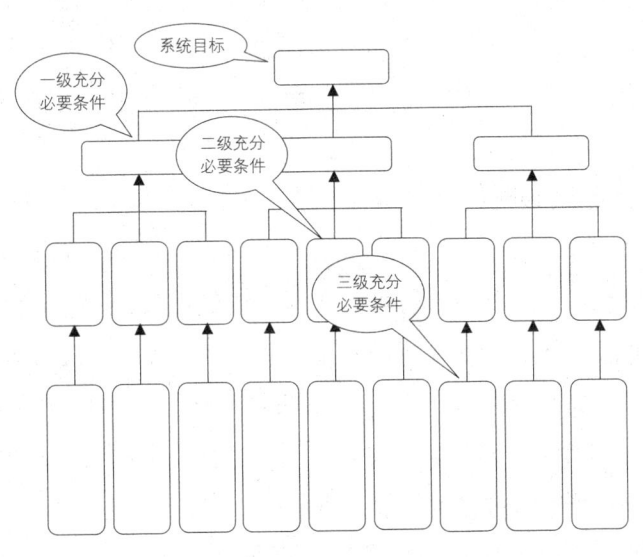

图 2-4　系统目标与充分必要条件分析

案例分享 21：刨根问底

在广东有一家生产汽车零配件的企业，该企业创立至今已经有 23 年的历史了。他们一开始是从传统铸锻件做起；后来，随着铸锻工艺的不断发展，他们开始通过先进的铸锻技术生产一些高精度的汽车零部件。该企业在建立之初发展速度较为缓慢；自从 2000 年后，发展开始加速，主要原因是由于市场的快速发展以及企业自身生产技术能力的不断提升。由于该企业的工艺技术有一定的代表性，所以，很多业内较难加工的零部件都是由该企业生产加工，即使在市场增长放缓的那些年，该企业的业绩表现依然是非常好。可是，从 2009 年开始，这家企业的经营状况就出现下滑的态势。为了抑制该情况的继续发展，该企业决定进行经营模式优化，以降低企业的经营成本。

该企业一开始之所以使市场销售业绩快速提升，与他们成功引进国外生产线和国内产品需求量极大有关。但当时他们主要依靠国外企业供应零配件。一开始，国内的企业并不认可该企业生产的零部件，虽然他们的销售价格明显低于国外企业和外资企业。随着这家企业生产工艺的不断成熟，产品品质不断的稳定，企业的销售订单逐渐增加起来。一开始，该企业只希望新增加的产品成为企业利润的一个新的增长点而已，后来发展成为该企业放弃了大量低利润的老产品，企业的利润完全依赖新产品。

由于该企业生产的新产品市场增长空间大，利润额较高，导致很多生产该产品的企业相继出现，市场上该产品的品质参差不齐，销售价格差异很大。很多企业依靠低品质、低价格的同类产品快速占领了大部分的市场份额。其实，一开始这个局面对该企业的冲击非常小，甚至对他们没有太大的影响。但是，后来，由于该企业的产品品质较高，在同行业中名气极高，当然，销售价格也属于同行业中最高的。这样一来，营销人员的工作压力越来越大，甚至有些订单由于价格过高的原因被同行抢走了。在 2009 年后，这家企业终于下定决心，进行产品生产成本优化，从而降低产品的销售价格，增加销售业绩。该企业为了降低成本，在一定程度上影响了产品的品质，但影响幅度不大。这时，企业凭借产品的市场口碑和低廉的价格，使得订单快速增加，从而导致企业的生产能力根本无法满足生产需求。这时，出于成本管控的需要，企业决定对无法完成的订单采用外协采购、贴标销售的方法，以此来提升生产产能。起初，该企业的销售业绩大幅度提升，但随着客户投诉的不断增加，订单开始减少，企业的品牌形象受到影响。发展到后期，企业的质量管控基本处于失控状态，质量管理部门人员的质量管控工作被不断增加的质量纠纷处理占据，全公司3名质量管理人员每天从早到晚几乎都在向客户赔礼道歉，并对产品质量问题进行解释。对于该企业的经营状况，我们用充分必要条件图分析，如图2-5所示，图2-5的绘制流程及分析如下。

首先，确定该企业的经营目标，该企业的经营目标是：销售业绩的持续提升。企业要想实现这个经营目标，就必须满足以下4个前提条件：①营销销售：销售订单持续增加。②研发创新：新产品导入及新技术的高效应用。③生产供应：保质、保量、准时完成生产任务。④售后服务：快速、准确地服务，确保让客户满意。

然后，我们通过这家企业的实际经营情况和管理数据，对实现企业经营目标所需的4个必要条件进行分析。企业制定年度销售时认为，企业的销售额增加45%，而行业评估市场增加额为25%，企业等于在市场下滑的情况下，增长比例依然远超行业增长比例20%。企业实际销售目标完成率为93.6%，老客户增加率为3.2%，新客户增加率为29.8%。随着市场的发展，供需关系已经发生根本性的改变，供应已经远远超越需求。并且，企业的产品质量大幅度降低，企业的外协产能达到企业产能的35%以上。在这种情况下，企业在没有显著增加营销投入的情况下，45%的增长要求本身就存在问题。所以，营销虽然影响了企业的发展，但和后边的生产相比，仍然属于非瓶颈。由于企业的产能利用率达到100%，并且，企业的外协管理混乱。所以，企业的产品准交率只有85%；质量合格率只有92.1%，对比该行业的准交率和质量合格率要求，显然会让客户非常失望。在这种情况下，企业的客户满意度能够达到82%，并且，没有退货和罚款情况，可见，企业的售后服务能力较强。

最后，我们对瓶颈进行三级分析，并全面整理出需解决的难题（如图2-5所示）。

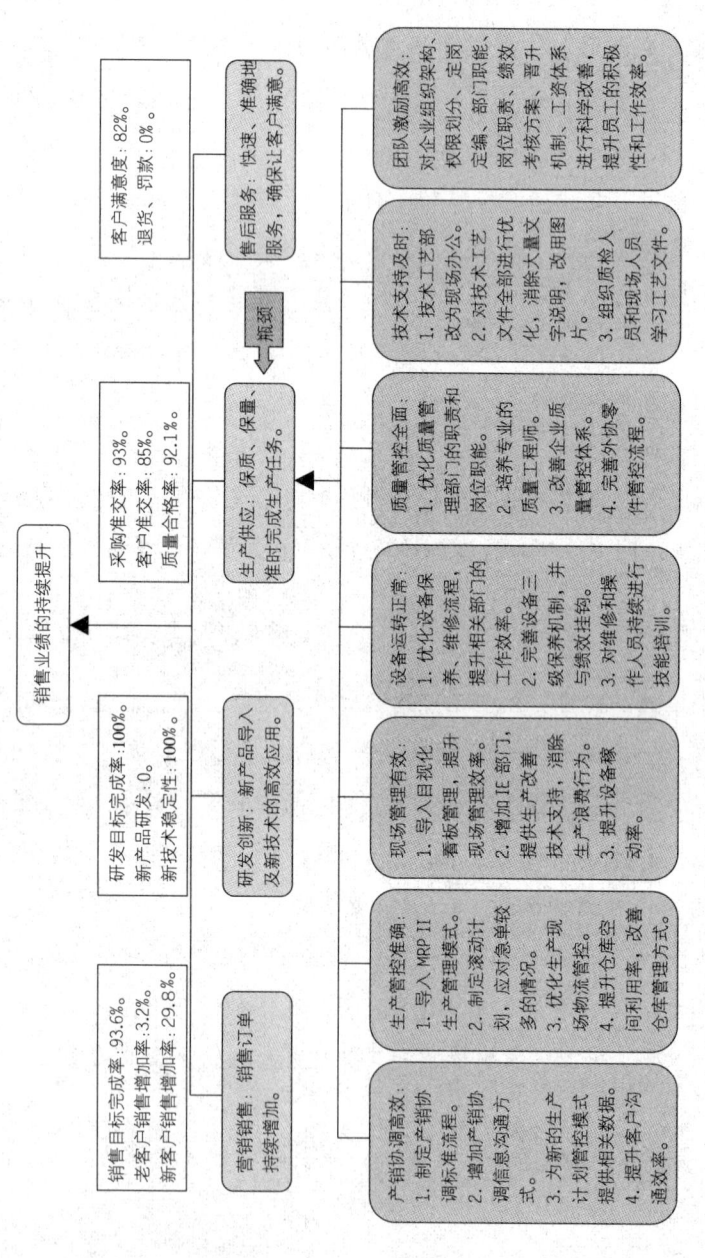

图 2-5 实现企业经营目标的充分必要条件分析图

三、充分利用系统瓶颈资源

（一）目标不是标准

为什么我们在制定目标时不能随心所欲呢？为什么我们所制定的目标实现起来总是存在各种异常？导致这一系列问题的原因就是：当我们要实现一个目标的时候，一定会出现前提条件准备不充足的情况，这是追求发展所必然要面对的，除非我们已经具备制定的目标所需要的各项资源。制定目标和制定标准的一个巨大的不同点，就是前者需要努力才有机会实现，而后者则是正常状态下一定会实现。可见，根据具备的资源所制定的目标，其实就是一个标准结果；而当制定的目标超过标准的时候，才算是真正的目标。当一切所需的资源都准备好了，随着事物的发展，自然会产生我们所需要的结果，这是遵循事物发展规律的。但如何确保为了实现目标，我们所做的努力是高效的呢？最佳的方法是根据我们所具有的资源制定一个超越标准结果的目标，这样我们就可以有目标地进行持续改善了。所以，目标不同于标准，它更具有方向性，它的指导效率更高。在这个竞争日益激烈的时代，我们所需要的不是顺其发展，而是有目标地引导发展，加快发展的步伐。

（二）瓶颈限制不可超越

如果影响实现目标的资源不存在瓶颈，也就是说，资源无限大，我们需要多少，就会得到多少，这个时候，我们只需要制定目标就可以了。那么，如何确保事物是朝着我们的既定目标发展的呢？那就要对瓶颈资源进行改善，这样就不会因为我们将注意力放在解决问题的过程中，被问题引导着朝着问题的方向发展。人是最容易被误导的，因为我们希望采用聚焦的方法来解决问题。聚焦是追求效率的表现。但是，人天生希望做快乐的事情，所以，当我们发现痛苦的时候，为了去除痛苦、迎接快乐，我们就会聚焦快乐，这个时候，我们的注意力就会在不自觉中被转移了。

案例分享22：五个杯子

有一个心理测试：有5名沙漠探险人员相约到撒哈拉大沙漠探险。在探险之前，他们做了很多准备工作。例如，他们准备了一切有可能需要的物资，在他们的随行人中有专业的医疗人员、沙漠地理研究人员，还有身体强壮的保安人员和当地向导。虽然，他们做好所能预料的准备工作，但是，迫于运输困难，他们只带了一些水。随着他们不断地深入沙漠，他们发现沙漠并没有自己想象的那么恐怖，他们非常顺利地到达了目标位置。

经过简单的商讨后，5名探险人员决定继续往沙漠深处探险。没想到，一阵突如其来的沙漠飓风让他们迷失了方向。为了能够活下去，他们决定继续往前走，因为从地图上看，只有这样才有存活的机会。但是，炽热的沙漠和即将沸腾的空气使所有的探险队员出现了脱水现象。就在这个时候，在他们的前方出现了一台被别的探险队遗留下来的饮水箱。他们快速地向这台饮水箱跑去，在跑向饮水箱的过程中，他们已经没有了绅士般的风度，每一个人都希望自己能够活下来。当他们跑到饮水箱旁边的时候，他们发现在饮水箱的水龙头下方放着五个不同的水杯。这五个水杯分别为破旧的塑料杯、镶嵌着宝石的金杯、白玉水晶杯、银光闪闪的银杯，还有一个手柄坏掉的咖啡杯。请问，如果你是第一个跑到饮水箱旁边的人，你将选择哪一款杯子？其实，答案很简单，只要是杯子就可以，拿到哪个都行。但是，只要你犹豫了，不论你如何回答，你的生存目标在看到杯子的时候就会被杯子的价值所误导了。这说明，聚焦瓶颈永不动摇，是快速实现目标的唯一途径。

（三）如何充分利用瓶颈资源

如何确保我们的改善措施充分利用了瓶颈资源呢？充分利用瓶颈资源的核心思想是：聚焦瓶颈资源，一切决策不受其他信息的干扰。在企业的经营过程中以及事物的发展过程中，我们不仅可以发现瓶颈资源，还能罗列出瓶颈资源带来的问题，我们对这些问题进行统计分类；然后，根据现代企业经营用到的各种方法和经典案例，设计出这些问题的解决方案。这个过程中，大家要发挥团队智慧。最后，对这些问题和相应的改善方案按照"瓶颈改善分析图"进行分析，对改善措施进行整理。这样一来，我们就可以制定出充分利用瓶颈的改善方案。"瓶颈改善分析图"（见图2-6）的使用原则是，坐标中右边的方案是我们所需要的，而改善措施中，只有产出远大于投入，才是最佳的改善措施。

绘制瓶颈改善分析图的第一步是找到所有消耗瓶颈资源的事物；然后，对所有事物进行分类。分类方法主要有两类：实现目标价值的一类，以及不实现目标价值的一类，分类方法如图2-6所示。

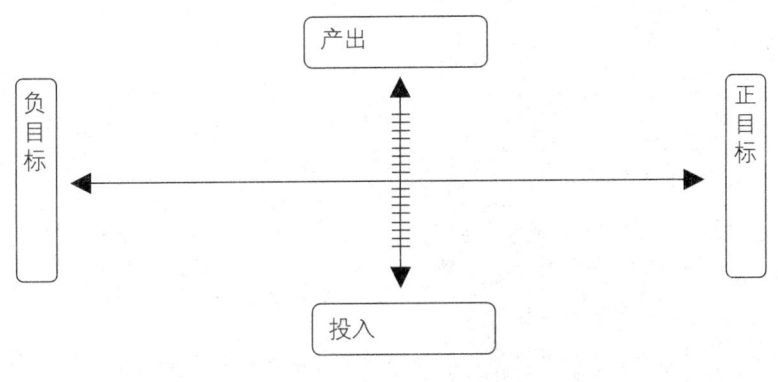

图 2-6　瓶颈改善分析图

在图2-6中，纵坐标右边为实现目标价值的一类，而纵坐标的左边是不实现目标价值的一类。这里说的不实现目标价值，是指没有实现负面效益的价值，如短期内能够实现目标价值，但是，对实际能力的提升没有本质的改变。也就是说，纵坐标左边的改善方式虽然也能实现产出的增加，但是，并没有增加产出所需的创造力。

图2-6的纵坐标是有尺度的，而横坐标则没有，也就是说，我们可以通过数据描述产出和投入。而投入和产出最好用价值来衡量，因为投入和产出包括人、财、物等，这些都可以以资产核算的方式计算出其货币价值。注意：不追求精确，只追求准确。

案例分享23：高效来源于细节

在江西有一家生产挂面的企业。这家企业的前身是当地粮库的下属企业，后来，该企业走向了股份制的道路。由于该企业的挂面在当地属于老品牌，非常受当地年龄较大的客户群体的喜爱。所以，该企业自改制以来，生产规模得到了一定程度的发展。没想到，随着一些大品牌进入该领域，该企业的销售业绩不断下滑。为了改善这个局面，该企业进行了一系列的改善工作。他们发现，导致销售业绩下滑的主要原因是企业的营销能力。该企业多年来都没有进行过改善，仍然是传统的"坐销模式"（坐等销售订单），而那些大品牌凭借着成功的品牌运营和强大的资源，以及高效的营销团队支持，快速地抢占了市场。这家企业为此做出许多改善措施，如表2-2~表2-9所示。

表 2-2　　　　　　　　　　　　　　　　第一项改善措施：生产设备更新升级

改善项目	增加新的自动化流水线设备，提升企业的生产效率，降低生产人工成本。
解决问题	制定该项改善措施的主要原因是企业的生产规模同比较小，而企业的原材料主要依靠外来采购，导致产品的销售价格不占优势。
评价	虽然可以降低生产成本，但企业的生产规模依然较低；而且，产能本身就高于市场需求量，这样一来，企业的产能就会严重过剩。

表 2-3　　　　　　　　　　　　　　　　第二项改善措施：市场推广的提升

改善项目	增加对营销的投入，在当地省级电视台播放广告（由于资金原因，播放时段较差），在高速公路增加平面广告。
解决问题	巩固企业的市场影响力，增加产品的曝光度，提升消费者对产品的认知感。
评价	企业资金已出现严重短缺现象，大规模的广告投资给企业带来了资金风险，加大了企业的经营压力；而且，广告方式不适合该企业，广告效果较低。

表 2-4　　　　　　　　　　　　　　　　第三项改善措施：营销能力的提升

改善项目	增加营销人员，大力开发销售终端，增加产品的市场铺货量。
解决问题	提高市场影响力及曝光度，最终提升客户购买机率。
评价	该方法有助于企业市场销售能力的提升，但新的销售人员销售效率低，实际销售终端开发效率有限；并且，增加了企业的资金支出。

表 2-5　　　　　　　　　　　　　　　　　　　第四项改善措施：渠道商的开发与管理

改善项目	增加专门的渠道开发人员，增加渠道提成比例，提升激励效果。
解决问题	企业的渠道较少，且这些渠道都不愿意优先推销企业的产品，通过渠道管理改善和增加渠道商，可以改善企业的营销现状。
评价	由于竞争对手对渠道商的开发管理措施早已完成，想通过同样的方法打开市场，恐难度较大。

表 2-6　　　　　　　　　　　　　　　　　　　　　第五项改善措施：产品技术研发

改善项目	设计和生产低端产品，降低产品包装成本，对所有的产品包装重新设计。
解决问题	采用现代审美特点重新设计包装，可以提升客户的关注度；同时，降低包装成本、产品原材料和加工成本，紧跟竞争对手，降低产品的价格，让产品具备价格优势。
评价	重新设计包装虽然可以增加客户的关注度，但对于老客户而言，会增加他们对产品的辨别难度和误导；同时，降低包装成本和产品质量，有损于产品形象。

表 2-7　　　　　　　　　　　　　　　　　　　　　　第六项改善措施：研发新产品

改善项目	在三大系列、12 种产品的基础上，增加新的产品系列。
解决问题	通过增加产品的种类，让客户有更多的选择空间。
评价	实际上，企业的产品研发无创新，大多数产品只是单件产品的包装数量和产品形状的改变，根本没有研发出具有新功能的产品。

表 2-8　　　　　　　　　　　　　　　　　　　　　　　第七项改善措施：大量融资

改善项目	由于企业的各项改善活动需要大量资金投入，所以，企业需要进行融资。
解决问题	企业由于增加设备和电视广告宣传，需要大量的资金投入，现有的经济实力远远不足，所以，需要通过银行等渠道获得资金。
评价	企业大量融资，已经超过企业的实际还款能力，导致企业经营风险的加剧。

表 2-9　第八项改善措施：通过经销商融资

改善项目	为了缓解资金压力，从经销商那里融资。
解决问题	以经销商预付款的方式进行销售价格打折供应，从而获得部分资金。
评价	实际融资效果有限，并且，严重影响企业的利润率。

该企业的瓶颈资源分析图如图 2-7 所示。

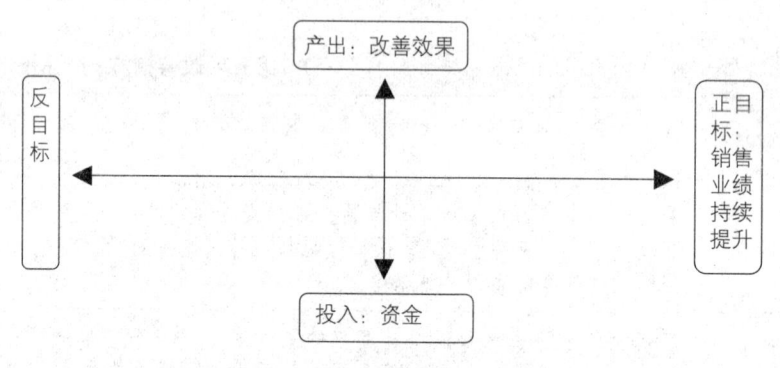

图 2-7　瓶颈资源分析图

借助图标进行分析的过程中，我们要尽量保留右上方的效果，降低右下放的投入，考虑删除左边的错误投资行为。通过这样的分析原则，我们进行以下分析。

该企业面对竞争对手先天不足，企业的原材料成本高于竞争对手的，企业的产能远远低于竞争对手，这样，企业的生产成本就没有任何优势。企业的优势是占据地利、人和，在当地具有较高的品牌形象，对于市场上的中老年消费者公信力很强。该企业的瓶颈是销售能力弱，企业需要通过提升营销能力的方法，从而提升销售业绩。在提升销售业绩的过程中，企业首先要对客户进行定位，确定属于企业的客户群体。很明显，对于一些大品牌公司，该企业很难通过相同的竞争模式战胜竞争对方。这个时候，这家企业就要有效地利用自己的营销资源。他们的营销资源就是产品历史文化悠久，企业的社会公信力较高。该企业不需要通过价格战来赢得市场，只有那些产品价值很难让客户完全认识到的企业，才通过价格战抢占市场。所以，该企业一系列的降低成本的措施不是改善的核心。价格定位是非常好的产品差异化区隔工具，企业可以通过高于竞争对手的价格，对产品定位进行区隔。该企业应该将产品定位于高端及高品位消费者群体，因为企业的产能有限，即使产品的销售量增加，企业也没有能力生产出来。

该企业想采用增加广告的方式增加市场推广力度，也完全没有必要。因为企业的竞争对手在这方面远远强于他们，他们的市场只在当地，应该针对产品的消费者或准消费者，在其经过的菜市场、超市、居民休闲区，通过搞活动的方式进行产品的宣传。该企业的产品开发不应在包装和产品的形状上以及产品的原材料和生产成本上下功夫，应该设计研发趋于礼品的有机健康食品，从而提升产品的销售价格，同时又能提升企业形象。该企业在当地的公信力具备这个实力，在当地的消费群体中，很多人是以礼品送人的，这是非常难得的市场认知。

通过分析后，该企业的瓶颈资源充分利用改善方案如图 2-8 所示，改善措施如表 2-10~ 表 2-13 所示。

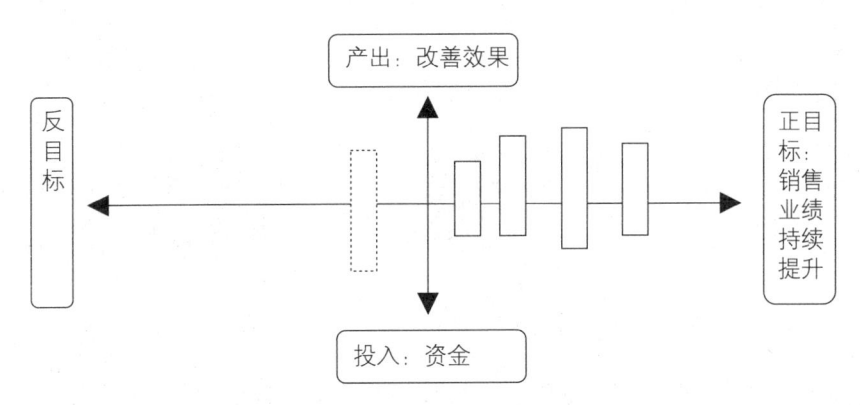

图 2-8　企业瓶颈资源充分利用改善方案

表 2-10　　　　第一项改善措施（修改版本）：大力宣传，增加产品的曝光度

改善项目	增加对营销的投入，在当地民族文化活动区以及居民区和超市，增加平面广告的投入，巩固和提升企业的地区文化影响力。国内重要节日，以健康、地区文化、孝道为题，开展宣传活动。
解决问题	巩固企业的市场影响力，增加产品的曝光度，提升消费者对产品的认知。
评价	对企业的瓶颈优质资源进行充分的使用，并让其发挥巨大的效果。

表 2-11　　　　　　　　　　第二项改善措施（修改版本）：营销能力的提升

改善项目	增加并培养营销人员，以大型超市和粮油销售门店作为主要开发的销售终端，改善配货机制，采用每日流动配货车，提升配货效率，降低企业和市场的产品积压，提升铺货量。
解决问题	提高市场影响力及曝光度，最终提升客户购买机率。
评价	该方法有助于市场销售能力的提升，但是，新的销售人员销售效率低，实际销售终端开发效果有限，前期市场营销推广需要增加活动频率，降低销售难度。

表 2-12　　　　　　　第三项改善措施（修改版本）：增加产品的销售方式和渠道

改善项目	增加专门的渠道营销管理部门，根据区域严格控制渠道商的数量，确保渠道商的收入；同时，修改激励机制。还要在高档小区开设粮油专卖店，销售企业的挂面、粮油食品等健康食品，利用微信营销为小区业主提供送货上门等专业化的服务。
解决问题	利用企业的社会公信力，以样板体验店的方式进行推广，提升企业的品牌形象，满足客户的健康和高品位需求。
评价	有效利用企业在当地的社会影响力，并对之进行有效提升，提升产品的利润空间。

表 2-13　　　　　　　　第四项改善措施（修改版本）：有效利用产品的文化特色

改善项目	与旅游、交通等相关单位合作，设计和生产有当地民族文化特色的产品，以礼品的方式进行销售，从而提升利润空间和企业的品牌形象。
解决问题	一直以来都有大量的消费者将该企业的产品作为礼品送给亲朋好友，再加上企业的产品具有很强的民族文化特色，只是企业一直都没有对之加以利用。随着外来产品的进入，以及当地旅游业的发展，这种文化特色更显得难能可贵。有效地利用这种文化特色，就可以通过文化差异化，提升企业产品的差异化，进而提升产品的销售价格。
评价	产品差异化主要分为文化差异化、价格差异化、功能差异化、技术差异化，有效地使用这些差异化，依然可以让产品走出同质化的影响，从而提升产品的利润空间。

原来的第五项改善措施虽然可以在短时间内通过降低销售价格的方法，提升产品的销量，但会严重损害企业的社会形象，影响企业的持续发展。所以，该项改善措施虽然能够提升销售订单量，却和改善目标逆道而行，会让

企业走向"反目标"方向。

四、全面配合系统瓶颈资源

（一）瓶颈和非瓶颈的准确区分

瓶颈资源是指为了实现目标所需要的各项资源中最不能满足目标需要的资源。在现实中，瓶颈资源的需求并不是一成不变的，在特殊的情况下，有可能某一个非瓶颈资源会成为新的瓶颈资源。但由于是特殊情况，所以，我们在解决问题时，从一般现象进行解决，特殊情况就是对企业运营能力的一次考验，企业切不可以特殊情况来重新选定瓶颈，或者误认为有两个瓶颈，这样就会将企业带入错误的方向。所谓特殊情况，就是我们常说的"万一"，所以，针对这种特殊情况就需要较强的应变能力，快速地将问题消除在萌芽状态，企业会因此增加了一个新的经验。但是，这种经验只能提高企业躲避风险的能力，并不能提升企业的赚钱能力。企业要想提升赚钱能力，还是要持续改善，持续改善的顺序永远都是以瓶颈资源为聚焦对象的。所以，企业不要因为一些特殊现象而认为企业的瓶颈资源不是一项，这是绝对错误的。如果企业产生了这样的错误，那就是一种战略错误。战略错误往往会影响企业较长的一段时间，并且，会让企业做出一些错误的行为，从而让企业多次产生新的错误。所以，战略性错误对企业的损害极大。

很多时候，由于企业选择的目标较高，导致很多非瓶颈问题被人为地制造出来。通过这些异常事件，企业会认为自己存在第二或者第三瓶颈。例如，有一家企业连续出现不能准时交货和质量问题，其实，这家企业的瓶颈是营销。因为企业基本没有一个订单是稳定的，都是短期合作的订单。这个时候，企业也察觉到了营销存在问题，导致生产出现问题，但由于企业的营销战略并没有改变，在前期营销战略改变阶段，依然制定出极高的销售指标。销售人员为了完成销售指标，只能继续接较差的订单。由于技术部的工作压力较大，大量的技术人员离职了，新招的技术人员需要一段时间才能熟练起来，最后，就导致大量质量问题的爆发。大多数企业不能正确地认识到自己存在的问题，认为企业除了营销瓶颈，还存在第二瓶颈——生产瓶颈，第三瓶颈——技术质量管控瓶颈。这样的分析和认识是错误的，企业在一个时间段只能有一个瓶颈，需要改善的也只有这一个瓶颈，而企业的一切改善措施只能是为了提升瓶颈的利用率而全面地配合瓶颈。但是，配合也要有一个限度，绝不能造成非瓶颈的能力被严重占用，从而人为地将瓶颈转移掉，这样对于实现企业的目标是没有任何作用的，反而会让企业走向恶性循环。

以上所描述的就是瓶颈不稳定的两种常见情况。面对这两种情况，企业要在瓶颈改善过程中有计划地避免，因为瓶颈的不稳定波动，只能给企业带来新的问题，从而影响企业持续改善的效率，还会影响企业的正确决策，更重要的是给企业带来损失。切记：企业只能是对瓶颈的持续改善，才是有效的持续改善，不要因为人为的原因，误认为某项非瓶颈也产生了瓶颈一样的制约，这是非瓶颈全面配合瓶颈的前提。

（二）非瓶颈成了替罪羊

在全面配合系统瓶颈资源的这个改善环节中，企业很容易进入一些误区，上文所描述的是其中第一个误区，那就是误认为系统中同时存在多个瓶颈。被错误引导的主要原因，就是企业经营中的异常问题，企业在解决问题的过程中被误导。还有一个误区，就是人们会认定非瓶颈就应该帮助瓶颈承受压力，将短暂的非瓶颈救火行为作为企业的制度固定下来，这样会促使企业经营目标的偏移。

案例分享 24：质检员并不是质量的主控者

有一家电动车、自行车、家电轴承生产企业，这家企业的经营状况一直都非常好，发展速度也非常快。他们为了借助电动车市场的快速发展机会，决定加大对营销的投入力度，增加订单。其实，该企业随着电动车行业的快速发展，订单已经在不断增加了，生产能力已经严重不足。该企业发现了生产能力不足的问题，决定增加新的厂房和生产线。这样的决策本身是没有任何问题的，但是，由于订单的增加速度远超过企业的生产能力的提升速度，企业又不想让利润外流，也没有临时采取外包的方式提升产能。这样一来，由于企业的产能严重不足，导致生产线高负荷生产，企业的现场管理能力又处于较低的水平，最终导致产品质量急剧下降。

为了改善目前的经营现状，该企业决定对生产出来的轴承进行全检。于是，他们招聘了大量的质量检验人员，购买了大量的检查工具。最后，产品的质量问题虽然有所提升，但依然没有从根本上解决问题。企业发现这样可以解决一些问题，决定在所有新的生产线后面都增加一个全检工序。

由于该企业生产的零件是标准件，生产速度极快，即使每条生产线增加10名质检人员也不够。由于每个质检人员必须在两秒钟内完成对一个零件的检验，导致他们很难及时发现问题。而且，员工的劳动强度极高，流失率也极高。该企业的错误行为不仅让质检人员成为了"生产人员"，成为质量的主控者，还无法从根本上解决质量问题，也不能对企业的瓶颈资源进行有效的改善。

就像上面案例中的该企业一样，许多企业往往认为这样做就是全面配合系统瓶颈资源，其实是完全错误的，这样做根本没有解决问题，只是增加了一个替罪羊。上面案例中这家企业的正确做法应该是完善企业的质量检验程序，提升质量工程师的质量分析能力，以及对质量方案的改善能力。然后，企业通过外包的方式，在短时间内增加产能，等企业的新生产线逐渐成熟、产能增加以后，再逐步地让订单完全由自己生产，这样才是质量管控资源对瓶颈生产制造资源的全面配合。配合的底线是不能够改变职责范围。该是谁的责任就是谁的责任，帮忙配合是义务，而不是责任的转移。

（三）如何全面配合系统瓶颈资源

一个系统中的各项资源都存在一个固定的先后顺序，一项资源完成后，紧接着是另一项资源的开始，各项资源之间的这种先后顺序是紧紧地联系在一起的。为了管控，需要我们人为地对其进行科学的分类。正是因为这个原因，我们的很多配合行为是不得已而为之，这其中有一些是科学的，值得固定下来的，还有一些只能是一个短期的解决行为，还有的是不可取的行为。例如，当企业的营销能力、技术支持能力和质量管控能力较高，而生产能力较低的时候，企业依靠外协生产的方式依然可以实现产能的快速提升。为了确保外协订单能够保质、保量地完成，营销部门就需要深度了解外协商的生产能力和客户对订单的要求。同时，生产管理人员就要根据营销人员的意见，准确进行订单分配，高效完成外协生产和自主生产的选择。技术人员就需要为生产人员提供数据支持，对外协单位提供工艺标准等技术支持。质量检验人员就要根据外协厂商的实际情况，完善和优化外协件的质量管控流程。没有其他资源的专业化配合，企业是无法完成外协工作，也无法提升生产能力，从而改善发展瓶颈的。又如，当企业的生产制造能力、技术研发及技术支持能力较高，而营销能力较低的时候，企业就可以通过对产品的生产工艺成本、原材料成本、功能等进行创新和研发，让自己的产品优于竞争对手的产品，以此来吸引客户的采购，增加营销订单，从而降低营销人员的工作难度。这样的做法就是正确的，对客户需求和痛处进行分析；然后，依托企业的生产制造能力、研发技术支持能力来进行全面配合；最后，提升企业的订单量。注意，营销资源在整个改善措施中依然是聚焦主题，我们是为了在更大程度上发挥企业的营销资源，降低营销资源的浪费，才采用产品功能研发的方法进行全面配合，而对哪些功能进行改善，则是要根据营销人员的市场分析反馈来决定。

注意事项：非瓶颈资源的全面配合绝不是将问题从瓶颈资源那里转向非瓶颈资源那里，全面配合的最终结果依然是对瓶颈资源的提升。我们在进行该步骤的改善时，经常会出现错误。所以，我们一定要考虑这样的全面配合会产生负面的影响吗？会带来恶性循环吗？如果不存在，那么，我们的全面配合就是正确的，没有任何负面隐患的。

案例分享 25：重新定位客户带来的发展瓶颈

在河南某市有家酒店修建在城市较偏僻的郊区。酒店建立之初，由于酒店市场和地方经济的蓬勃发展，该酒店的各项设施新颖，符合当时的审美，饭菜也精心设计，所以，这家酒店开业的第一年，销售业绩就达到了五千多万元。面对这样的销售业绩，该酒店决定在酒店旁边的预留地上修建温泉休闲会所，增加企业的服务产品，提高企业的服务等级，提升企业在当地的品牌影响力。但是，还没有等新的工程完全竣工，市场情况发生了变化，导致酒店业的业绩快速下滑，客户消费能力降低，高消费人群大量减少。这家酒店当年的销售业绩下降到三千多万元，利润率从35%降到15%。主要客户群体从不在乎售价的群体，一跃变成了精打细算的群体。

这家酒店重新对市场进行分析，发现收入日益增加的普通消费群体将会成为他们的主要客户群。他们将针对新的消费群体加大营销投入，从而进行营销战略调整。但是，该酒店面对新的主要客户群不具有经营优势。首先，该酒店所在地理位置偏僻，菜系偏高端，一般消费人群恐怕很难接受。酒店的服务人员较少，无法满足分散的消费群的需求。酒店的最大优势就是在当地的影响力较大，被公认为是当地的高消费场所，但这同时成为普通消费者放弃选择的一个非常重要的原因。由于普通消费者的消费能力有限，他们怕自己的消费能力无法在该高端消费场所进行消费，于是，他们大多都是对其敬而远之。这个时候，该酒店的经营目标是持续提升企业的利润额。面对这个目标，企业系统的资源瓶颈就是营销资源。过去企业只需要维护好一些大客户，然后，坐等客户上门消费。所以，营销部门只有四个人员，这其中还包括两个经理，一个市场开发经理，一个客户经理。面对企业现状，该酒店将如何进行改善呢？表2-14是从该企业年度改善方案中抽取的按照全面配合系统瓶颈资源设计的改革方案。

上面案例中的这家酒店的主要问题就是客户的重新定位，面对新的市场情况和客户群，酒店的营销资源严重不足。酒店希望在短时间内提升营销资源是完全不符合现实情况的。业内最常用的方法是挖取同行有客户源的销售人员，通过销售人员的引进，可以快速增加客户订单。但由于市场情况较差，竞争对手的销售人员的客户量有限，再加上这种方法已经非常透明，酒店可以获得的利润非常有限。在这种情况下，酒店的销售团队需要加快培养，同时，酒店的其他资源也要全面配合酒店的瓶颈营销。

首先，客户的服务消费部门，如酒店过去不重视的自助餐厅，作为企业的新增长点，对这些部门要增加设备投入和营销投入。对于酒店的茶水吧，由于高端消费减少，其销售业绩极差，酒店采取缩小规模，将过去的创收部门变为增加住房率和餐饮销售量的超值服务部门而独立销售，创收要求降低。餐厅包房调低最低消费标准；同时，增加特价菜，吸引客户二次光顾。康乐部由于在以前的经营过程中一直不太理想，并且，在新的市场情况下，酒店没有剩余的资金投入，也没有多的精力经营，所以，将其转包出去。后厨必须保证菜品质量，因为这是一个酒店经营的基础。星级酒店的人工成本较高，酒店通过和院校合作的方式，帮助自己降低一定的人工成本，也可以解决招聘难的问题。对于自己新建的温泉会所，根据装修方案，进行重新审核，降低资金投入，削减一些没有必要的奢华装修。温泉会所在营业前期，两到三年内主要以吸引客户为主，因为温泉会所的消费者将是酒店的潜在客户，增加潜在客户量，就降低了酒店的经营难度，有利于酒店销售业绩的增加。

表 2-14　　　　　　　　　　　　　　全面配合系统瓶颈资源设计的改革方案

序号	资源分类	改善内容
1	大厅	对大厅茶水吧进行调整，缩小客户容量。增加自助餐厅容量，对自助餐厅进行调整，增加独立进出口，并对菜品进行调整，降低消费额度，通过团购网络进行推广。
2	餐厅、包房	降低最低消费额度，增加饭菜量。每日推出三道特价菜，在餐饮大厅增加文艺表演。
3	客房部	每个房间赠送餐饮优惠券，每晚赠送水果盘，实行提前预定优惠活动，积分换免费入住活动。对客户提供飞机场、火车站免费接送的服务。
4	康乐部	外包给正规、专业的经营公司。
5	后厨	控制浪费现象，并对节约的人员进行奖励。
6	人力资源部	与高校合作，增加实习生数量，降低用工成本。进行人力资源改革，优化部门岗位编制，改善绩效考核管理。
7	营销部	招聘扩编 5 名营销人员，进行餐饮进社区活动，每个月酒店派厨师到不同的社区演示厨艺，并请群众试吃。营销人员要对酒店进行介绍，引导群众对酒店重新认识，并开展现场订餐优惠和免费接送活动。根据每年的不同节日，开展相关的餐饮文化活动，并以酒店品牌定制节日食品，如端午节的粽子、中秋节的月饼、春节的蒸菜等，进行推广销售。 与旅行社、自驾游机构建立战略合作。 与企事业单位建立合作，承接各种团体活动，并根据消费金额，制定赠送消费券等优惠政策。 参加社会公益活动，并以优惠的价格资助一些社会活动，从而增加酒店在当地的影响力。 和酒店签订长期入住协议的企事业单位，都将得到酒店提供的免费办公设备服务，每天还可以得到三张茶水吧特定茶水的免费券。 在机场增加酒店宣传广告，并增加酒店服务吧台，旅客可以在机场直接完成酒店入住手续，并由专车接往酒店。 与中高档汽车 4S 店、KTV、电影院合作，无偿提供免费的就餐折扣券、住宿抵用券等服务。
8	温泉会所	对温泉会所进行独立宣传，以当地同级别最低消费标准收费。客户在酒店消费达到一定数额或者在酒店入住两天以上，都会得到免费门票。温泉会所和酒店的其他消费进行捆绑优惠销售。

五、打破系统瓶颈资源

（一）消除瓶颈的最高境界，点亮瓶颈中的优势

瓶颈资源是系统中的较弱资源，并不一定是系统中的最差资源。即使是系统中的最差资源，它也一定存在可圈可点的地方。比如，生产线虽然产能严重不足；但员工的工作经验丰富，忠诚度高，离职率极低。再如，营销能力差，订单严重不足；但企业的社会形象较好，有一定的社会影响力。又如，企业的原材料采购成本较高，原材料采购效率较低，严重影响生产供应；但企业的诚信度极高，供应商愿意长期与企业合作。总之，企业在消灭瓶颈的过程中，先要看是否能够利用企业的优秀表现对瓶颈资源进行改善，从而提升瓶颈资源的利用率。这样的改善对于企业不仅效果明显，投资效率也极高，是企业消除瓶颈的首选良方。

瓶颈改善工作必然伴随着新的投入，而新的投入让企业最担心的不光是效果，还有效果的稳定性。很多企业通过一系列的改善，效果非常好，但随着时间的推移，很多改善效果并不能保持下去，这也让企业很头疼。所以，如果我们让改善后的新内容能够快速地融入到企业的经营体系中，就可以确保改善效果持续、稳定地存在。而快速融入的最佳方法，首先，寻找企业瓶颈资源的优势；然后，通过设计出和这些优势有关联的改善方案，从而将新的改善方式融入到企业的经营体系中。

（二）牵一发而动全身，做好准备工作

在进行瓶颈消灭的过程中，我们都希望能够通过一项改善，就能够实现整个瓶颈资源的提升，但现实状况往往不是这样。因为一个系统内的所有资源项目之间都保持着各种因果联系，任何一个点的改善都会导致一系列的连锁反应。在这些反应中，有的是正面的反应，有的是负面的反应，那些正面的反应当然是我们所期望的结果，而那些负面效应则会给企业带来烦恼。对于这些负面效应，企业也不必因此认为改善本身存在什么问题，因为这是正常现象。这些负面效应是因为企业导入的新内容与旧的经营体系有些地方有排斥现象。对于这些排斥，我们应采取正面的方法给予解决。什么是正面的解决方法呢？就是没有负面影响或产生恶性循环的解

决方法。

面对上边讲到的问题，我们就需要提前做好准备工作。比如，当企业的改善直接影响或产生了新的管理需求，企业就需要对自己的管理体系进行重新梳理，从而最大限度地提升改善效果。又如，企业的改善导致生产线新进人员的增加，这个时候，企业就需要考虑是否应增加技术和质量管控人员，从而确保生产线的质量稳定性。

（三）如何打破系统瓶颈资源

该步骤是聚焦五步骤的第四步，使用该步骤的前提是聚焦五步骤的前三步未将第一步发现的瓶颈消灭掉，这个时候，需要通过第四步将瓶颈资源打破。如何提升瓶颈资源能力，从而将瓶颈打破呢？首先，我们要确保改善的对象是系统的瓶颈资源，如果到了这一步，我们还是无法确定哪一项是系统的瓶颈资源，可以通过前三步骤的改善效果来确定我们所聚焦的瓶颈资源是不是真正的瓶颈资源。如果通过前三步的改善，企业的赚钱能力得到了明显的提升，那么，就代表我们所聚焦的瓶颈资源是系统的真正瓶颈。

当我们进一步确定了系统瓶颈的情况，我们就可以开展该步骤的改善。一个高效的改善一定是找到了问题的核心点。关于这一点，我们已经在前文中进行过讲解。我们知道，只有这样，我们的改善效率才是最高的，改善效果也是最佳的。如何确保高效的改善呢？首先，整个改善过程绝对不能采取见到一个影响瓶颈资源的问题，就马上制定改善措施进行改善。我们应该按照图2-9所示的流程，对企业存在的问题进行梳理，从而寻找到核心问题。然后，对核心问题进行有序改善。改善的力度要根据改善目标来确定，而改善目标就是打破瓶颈资源。

图2-9是聚焦改善分析图，按照分析图进行分析时始终都要以实事求是为核心思想，切不可凭借个人经验和主观判断收集资料，然后进行分析。聚焦改善分析过程就是按照图2-9的逻辑顺序开展，其中主要分为以下五个步骤。

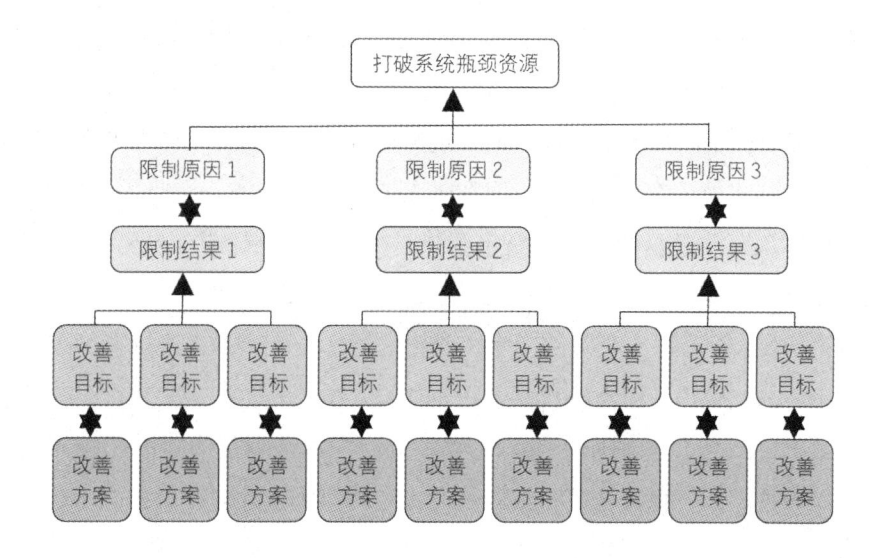

图 2-9 聚焦改善分析图

第一步：确定要打破的系统瓶颈资源是什么。系统的瓶颈资源是会转移的。随着持续改善聚焦五步骤对瓶颈资源的不断提升，就一定会导致系统瓶颈资源的转移。一旦发生了转移，之前的瓶颈资源就不再是瓶颈资源，也就不是我们的打破对象。有的企业在进行瓶颈持续改善的过程中，会出现错误的分析和判断，这时，我们可以用聚焦五步骤的前三步骤的改善效果进行验证。如果企业通过前三步骤的改善未能提升赚钱能力，未能增加销售利润，这就说明我们一开始选择的瓶颈资源是错误的。这时，就没有必要再进行持续改善聚焦五步骤的第四步骤和第五步骤了。

第二步：寻找限制的原因是什么。在实际操作的过程中，大家按照头脑风暴的方法，寻找造成瓶颈资源不足的原因。在这个过程中，不要只关注瓶颈资源的主要负责部门，这样做是违背系统逻辑的，当然是不能有效地改善问题了。对于限制的原因，企业进行分类归纳后，分别将其填写到第二步的表格中。对于哪些是企业存在的问题，但并没有影响到企业的瓶颈资源的问题，企业可以另行解决，不要填写在第二步的表格框中。在进行归纳的过程中，一定要注意简明扼要、准确地描述，并附加数据证明。附加数据证明文字中不要有形容词和虚词。

第三步：准确证实限制结果是什么。这一步一定要注重事实，不要受人的主观感受影响。尽量用数据描述带来的影响有多大，如果不能以数据说明，也可以以实际案例备注证明。只有准确地描述清楚这一步了，才能评定改善效果与投资回报的情况。在事物的发展过程中，产生的任何结果都有其相对应的原因。如果这个原因所产生的结果较多，但一定有一个最主要的结果。在分析和填写的过程中，文字一定要精简，包括案例证明，也要文字精确，尤其注意不要使用形容词和虚词。

第四步：针对每一个限制结果，改善的目标是什么。在进行持续改善的过程中，为什么很多企业的改善效果不明显，改善过程缺乏管控，改善项目推进乏力？其主要原因就是没有工作计划，没有计划如何组织相关人员工作，没有计划如何确保改善进度？没有人员组织工作计划，就无法进行有效的管控，最终是无法确保结果和改善效率的。所以，必须要制定出每一个问题的改善目标。有了目标，大家就有了方向，就有了改善的动力，就有了管控对象。所以，在改善目标中主要体现两方面内容，一方面的内容是改善结果的量化，另一方面是时间节点。

在制定改善目标的过程中，我们还要实事求是，不要好高骛远。很多企业都喜欢盲目地追求完美。追求完美是正确的，但一次性就想实现是错误的。因为企业的最终目的是赚钱，提升赚钱能力才是最终的目标。要根据限制结果的影响力，以及改善过程中企业的投入情况和企业整个改善项目的时间周期制定出最适合的目标。这里的目标可以理解为阶段性的改善标准结果，是企业在正常情况下可以完成的改善结果，不需要做出超出企业能力的付出。这里的目标宜低，不宜高，循序渐进地持续改善才是关键。在进行该步骤的时候一定要注意，一旦目标制定好了，是轻易不可以进行修改的。因为修改目标，影响的不仅是最终的改善结果，也影响大家的改善激情和改善毅力，会造成人们在改善的过程中一旦遇到较大的阻力，第一时间考虑的不是如何消灭阻力，而是修改目标。

第五步：实现改善目标的改善方案是什么。这个改善方案一定要根据企业的实际能力制定，切不可凭经验和感觉制定出对应的改善方案。因为方案一旦制定了，虽然我们后期可以进行修改，但频繁地修改改善方案，一定会影响最终的改善效果，也会延长改善周期。原则上，改善方案是可以进行调整的。我反对企业制定好改善方案后,就必须按照方案进行改善,忽略了环境等因素的变化,这样是不科学的。并且,一味地追求最完美的改善方案,会导致企业错过改善时机,拖长改善周期。改善方案在制定的过程中,有三个方面的内容非常重要:首先,必须要有改善实施的第一责任人、协助人员和部门,改善结果的验收和过程节点的监督负责人;然后,必须要有详细的改善步骤,以及对应的改善时间节点的准确阐述;最后,一定要有重点和次重点以及非重点的分类,这样才能确保改善的效果和效率。

（四）巩固改善力,才能确保改善目标

有益的改变称为改善,我们可以通过科学、系统的方法,寻找到最佳的改善方案,但这只是改善的第一步。企业很多时候之所以无法实现改善目标,不仅是因为改善方案存在问题,还有一个最重要的原因,就是改善过程中由于遇到阻力,而放缓改善或者放弃改善,这就需要我们要有一个强大的改善推动力。

为什么很多企业引进了高端人才,也寻找到了企业存在的核心问题,设计出了适合企业的改善方案,但最后的改善效果却不尽人意呢?一个非常重要的原因是企业通过引进人才,获得了改善的能力,但企业却不善于改善。换句话讲,就是我们知道了如何改善,却不知道如何实施改善。接下来,我们通过目标推进图帮助大家提升改善力。目标推进图要和聚焦改善图配合使用,我们先通过聚焦改善图选择可以提升赚钱能力的限制问题;然后,通过聚焦分析找到各项改善结果的目标以及改善方案。接下来,通过项目推进图制定出整个改善项目的推行方案,其中包括各个改善项目的推行计划以及相关责任人等信息。

在按照项目推进图研究填写推行计划的过程中,一定要注意"三有":①有时间,有开始时间和最后的期限;②有价值,是客户要的,是客户认可的,不是你自己想做的;③可考核,看得见,摸得到,有证据。

在按照项目推进图推行的过程中,一定要杜绝"三事":①完成差事,领导要办的都办了;②例行公事,该走的程序走过了;③应付了事,差不多就行了。做事的最终目的是实现结果,没有实现结果或者对结果不利的事情就一定要避免。只是简单地做事是错误的,我们要做出结果来。

图2-10是项目推进图,图中简单地举了一些例子,读者可以在结合文字描述的情况下,了解如何按照该图制定实施方案和项目管控。

项目推进图

项目目标：　　　　　　　　　　项目经理：　　　　　　　项目委员：　　　　　　　辅导老师：　　　　　　　检查人：

项目周期　　年　月　日至　年　月　日

序号	分项目标	审核人	阶段目标	督查人	实施结果定义	责任人	过程节点结果定义 第1周	第2周	第3周	……	执行基金	实际完成的结果	未完成的原因	改进的措施	新结果定义（承诺）	备注
1	缺乏客户需求分析。	×××	准时完成客户需求及其资料收集。	×××	通过网络收集同行产品相关信息20项。	张三	完成。	完成。			罚款10元。	只完成10项有效信息的收集。	网络信息可信度低。	改为邀请行业权威机构获取信息，获取产品信息。	通过权威机构获取行业其他企业的产品资料10份。	
2					整理客户投诉意见。	李四	完成。	问卷收回。	完成报告。		罚款10元。					
3					完成200份调查问卷的发放和收集，并做出分析报告。	王五	问卷的准备及发放。	问卷收回。	完成报告。		罚款10元。					
4					再动重要客户，收集客户需求信息，并完成调研报告。	赵六	选择重要客户。	约访问客户。	完成调研报告。							
5																
6																
7																
8																
9																
10																
11																
12																
13																
14																

做结果的三大要素（三有）：①有时间，有最后的期限；②有价值，是客户要的，是客户认可的，不是你自己想做的；③可考核，看得见，摸得到，有证据。

做事杜绝三种现象（三事）：①完成差事，领导要办的部办了；②例行公事，该走的程序走过了；③应付了事，差不多就行了。

图 2-10　项目推进图

在图 2-10 中，第一行的"＿＿＿＿项目推进图"是指项目名称，一般用项目目标来确定。有些企业为了持续改善发展的需要而设计项目推进图的名称。这个时候就需要以企业远景目标取名，例如，××公司打破营销瓶颈项目推进图、××公司突破企业发展瓶颈项目推进图、××公司成为行业标杆项目推进图等。项目周期是指该阶段改善项目的推行周期，一般在制定周期的时候，除了计算出最后一个改善项的完成时间，还要增加一个宽放时间。宽放时间一般以总时间的 10% 到 20% 来计算，第一行的内容由项目委员会讨论决定。

第二行的"项目目标"是指改善项目的最终目标，由项目委员会讨论决定，例如，打破生产瓶颈、打破研发瓶颈、突破营销瓶颈。"项目经理"是指整个项目的总负责人，一般由企业的高层管理人员担任。"项目委员"是指企业为了对项目进行有效管理而组建的项目委员会，一般项目委员会由企业的董事长担任主任。项目经理负责整个项目的推行管控工作，而项目委员是改善工作所涉及的关键人员，不一定是各部门的经理，但一定要能够调动所属工作的各项资源。"辅导老师"是指企业为了在项目推行过程中不受各种问题对改善方向的影响，同时兼顾社会先进的管理方法，从企业外请的管理专家，以观察者和指导者的身份参与到企业的改善项目中。"检查人"是指项目最后验收工作的最终评判人，项目验收是由项目委员会完成，而最终评判是由检查人完成，一般检查人由项目委员会的主任担任。

第三行的"序号"是指改善方案中每一个改善措施的序列号，方便最终的统计和推进排序，最先实施的改善内容要放在序列号的最前边。"分项目标"是指通过充分必要条件分析得到的各改善分项目的目标，一般就是聚焦改善图中限制原因的目标改善结果，例如，"限制原因——产销协调效率低"，将其转换成"分项目标——产销协调高效、无差错"。"审核人"是指分项目标的负责人，是整个分项目推行过程的组织人，也是过程审核人，是分项目标的第一责任人，一般由企业的分管副总经理或部门经理担任。"阶段目标"是指为了实现分项目标所必须实现的阶段改善目标，阶段改善目标一般就是聚焦改善图中第四步的"改善目标"。"督查人"是指在项目推进过程中，协助"审核人"进行项目组织推进的人员；同时，也是在项目推进过程中阶段目标的负责人，一般由部门经理或部门骨干担任。第三行的以上内容都是由项目推行委员会讨论确定。"实施结果定义"是指为了实现阶段改善目标而制定的改善方案的具体改善结果定义，一般是指改善方案中某一条改善措施的结果定义，必须可量化考核，该部分内容由责任人填写，并经过监督人审核通过后确立。"责任人"是指实施改善措施的执行人，确保"实施结果定义"的第一责任人。"过程节点结果定义"是指在项目推行过程中，以周为单位进行时间节点划分，针对改善措施，承诺每周需要实现的工作内容，要由"责任人"填写，并经过监督人审核通过后确立，注意文字描述必须可量化考核。"执行基金"是指"责任人"承诺如果没有按照规定的时间节点完成工作内容，将自愿罚款。对于整个项目的推行，企业要设计专门的奖励基金，要以奖励为主，以罚款为辅。这里建议罚款额不要超过50元，绝对不可强迫金额，要责任人自己承诺。此外，这个罚款是在每周的项目质询会议上，当责任人汇报项目推行情况的时候，由责任人直接上交罚金。注意，这个罚金最好用于每次会议时购买水果，这样可以转移不必要的矛盾。按照以上内容填写完成后，就可以按照项目推进图进行项目改善和项目管控了。如果项目实施的各责任人没有完成计划中的承诺结果，就需要责任人进行重新承诺。重新承诺的内容要由责任人填写，并报监督人审核后确立。这时，就需要填写以下内容："实际完成的结果"是指责任人没有按照计划完成承诺的结果而实际的完成情况；"未完成的原因"是指责任人没有完成计划承诺结果的原因；"改进措施"是指如何改进工作方式，从而实现承诺的结果；"新结果定义"是指"实施结果定义"不符合实际情况，需要进行修改，这个时候，新的定义必须经过项目审核人审核通过后，报请项目经理审核同意后才能修改，这样做是为了防止员工能够较容易实现"实施结果定义"而修改结果定义，只有在不符合实际情况和客户需求的情况下才能修改。下面，我们通过案例进行详细的实际操作讲解。

案例分享 26：走出恶性循环，提升价值创造力

在安徽有一家生产摩托车配件的企业，这家企业有两个生产工厂，最先建立的是摩托车的机构件生产厂。随着企业的不断壮大，后期，他们拓展了新的业务，增加了摩托车和电动车的电子配件生产厂。随着市场的日益成熟，该企业的生产规模也不断壮大，但企业的经营者发现，虽然企业的订单和产能不断增加，但利润的增加却较为缓慢。直到经营者发现企业的经营利润不增反降，该企业决定对产品品质进行升级，从而满足客户的高端要求，最终提升企业的利润额。通过对产品品质升级，以及企业在当地的影响力和营销能力，该企业成功地打开了高端客户市场，甚至有一段时间，他们的订单 50% 以上都是高端客户。这样一来，企业的利润增加了 13%。但是，好景不长，由于企业的生产管理能力、质量管控能力以及员工的整体素质较低，导致企业好不容易打开的大好局面，因为经常出现不能准时交货、产品质量不稳定等情况，致使高端客户的订单不断减少。

该企业主要存在以下这些问题：

为了发展需要，花费大量资金聘请了一些管理专家，对企业进行精益生产的改善。经过改善，他们实现了对生产线的改造，实现了装配流水线式生产，这样的改造导致企业提升了管理要求和对供应商的供货要求。供应商必须确保准确供应零配件，且供应的零配件质量要稳定。如果出现问题，导致生产线不能准时开工，供应商要承担企业的损失，这将是一笔非常巨大的罚金。

由于生产模式改变了，导致客户下订单的方式也改变了。过去，高端客户每个月末下发下一个月的订单，订单种类虽然多，但订单的数量较大。现在，企业改成每周末下发下一周的订单，订单的数量虽然没有大的改变，但企业下发的订单数量较少，属于典型的小批量、多品种。这样一来，和过去的大批量、多品种相比，生产管理难度大幅增加，生产线的管控能力要求较高。

由于生产模式的改变，高端客户为了尽量减少成品库存，他们按照市场

需求变化，对生产计划进行及时调整。所以，客户不仅缩短了生产计划周期，还经常出现增加订单的要求，导致企业的急单不断增加，从而进一步加大了生产管理的难度。

由于高端客户不建零部件库存，企业生产多少采购多少，导致客户对零部件的质量要求提升。再加上高端客户对生产过程的质量管控进行了优化和改善，导致对该企业供应的零部件的质量要求较高。

由于摩托车、电动车的市场竞争压力较大，高端客户为了能够提升销售业绩，频繁研发新产品，以及对旧产品不断地进行调整，导致供应商不敢备过多库存，以防止因客户技术的调整而造成严重的成本浪费。这家企业多次出现这样的问题，很多客户新研发的产品销售不到一周，就对零部件进行调整，导致该企业的库存零部件需要重新加工或者报废。

由于高端客户管理流程及管理过程的标准化极高，与该企业之前服务的低端客户完全不同，该企业与客户之间的沟通效率较差，影响了企业对客户需求的预知能力。

该企业的营销主要依靠董事长和总经理、营销总监完成。虽然该企业有5个人的营销团队，但这些营销人员基本是做一些辅助工作，这样导致营销团队工作没有激情，工作效率较低。

该企业的生产管理只有两个人：一个是生产管理部的经理，一个是生产管理部经理的助理。由于过去生产订单的种类少，订单数量较大，并且，客户下订单的周期较长，导致企业的生产计划就是直接使用营销部每个月下发的《客户供货计划表》。该企业也一直将《客户供货计划表》称为企业的生产计划表。随着客户的不断增加，生产计划也一直是由营销部按照生产能力来制定，生产管理部只负责分配任务和统计产量、督促生产。

这家企业的生产现场为了规避人工成本和人员招聘等管理压力，采取外包的方式进行生产，除了精密机械加工和特殊工艺的生产是由企业直接管理，其他都是采用此方式。在生产过程中，企业只和"包工头"沟通。由于这种特殊的生产方式以及行业特点，外包生产人员的职业素质极低，现场管理效率很低。

该企业的技术工艺部是由一名老工程师和一名年轻的技术人员负责。企业技术标准文件不全,把客户发来的图纸转换成生产工艺文件的效率低,生产现场的技术支持能力有限。

该企业的质量检验部按照高端客户的要求引进了先进的设备以及大量高端人才,技术检查能力较高。但是,质量管控流程简单,没有形成一套标准的质量管控流程。

该企业没有人力资源部门,只是在企业的综合管理部门中有一名专门负责人力资源事务的管理人员。企业的文化宣传、员工培训、绩效考核管理等都没有,这名管理人员只负责员工招聘和考勤管理,员工招聘工作效率也极低。

这家企业生产所需的原材料比较简单,采购难度较低。在企业的原材料仓库里,半成品以及治工具仓库管理混乱,进出库没有严格按照管理流程操作,丢失和浪费现象非常严重,造成账面上的数据和现场实际情况严重不符,从而影响生产计划。

生产现场的设备基本没有维护,只有维修,对于一些常用的零部件也没有明确的库存标准,导致生产设备出现故障,需要等三天以上的时间才能修复使用。由于员工没有对设备进行日常维护,操作过程中也存在问题,导致设备经常出故障,而设备部只有一名维修人员,根本无法满足设备的维护和保养工作。

下面,我们按照聚焦改善分析图对上述案例进行分析,如图 2-11 ~ 图 2-13 所示。

第一步:确定要打破的系统瓶颈资源是什么。该企业通过聚焦五步骤的第一步,寻找到了企业的发展瓶颈,并且,通过之前的改善也获得了较好的效果。但是,由于订单的不断增加,企业的生产价值创造力不足的问题逐渐暴露出来,我们现在对其进行聚焦五步骤的第四步改善,即打破生产瓶颈。

第二步:寻找限制的原因是什么。该企业中的高层管理人员根据各自所处的管理岗位,针对发现的一些问题,通过数据和实际案例,在不做任何限制的情况下,编写各自的意见或建议书。然后,发现该企业主要存在的限制

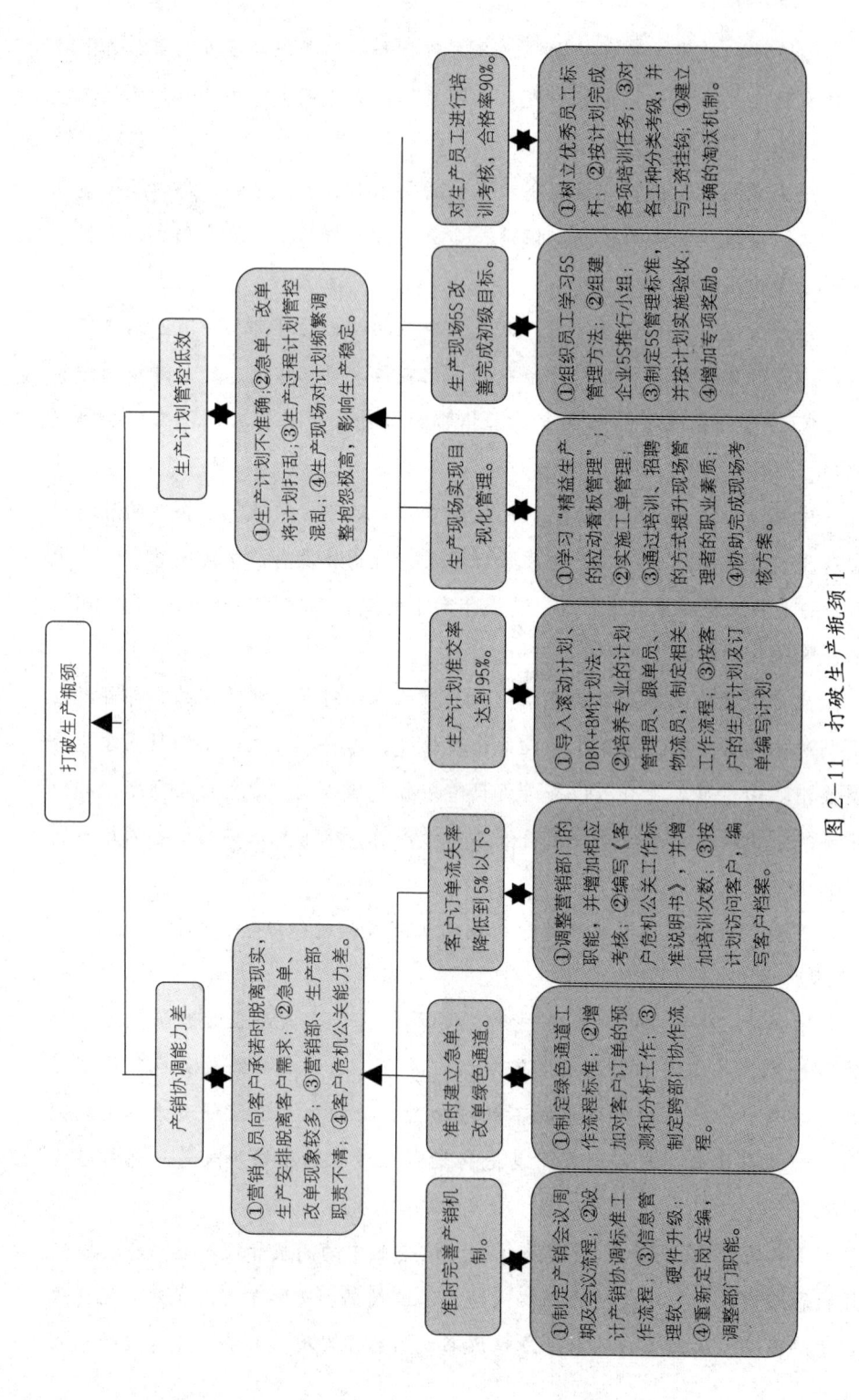

打破生产瓶颈

产销协调能力差

★ ①营销人员向客户承诺时脱离现实，生产安排脱离客户需求；②急单、改单现象较多；③营销部、生产部职责不清；④客户危机公关能力差。

准时完善产销机制。

①制定产销会议流程；②设计产销协调标准工作流程；③信息管理硬件升级；④重新定岗定编，调整部门职能。

准时建立急单、改单绿色通道。

①制定绿色通道工作流程标准；②增加对客户订单的预测和分析工作；③制定跨部门协作流程。

客户订单流失率降低到5%以下。

①调整营销部门的职能，并增加相应考核；②编写《客户危机公关工作标准说明书》，并增加培训次数；③按计划访问客户，编写客户档案。

生产计划管控低效

★ ①生产计划不准确；②急单、改单计划打乱；③生产过程对计划管控混乱；④生产现场对计划频繁调整抱怨极高，影响生产稳定。

生产计划准交率达到95%。

①导入滚动计划、DBR+BM计划法；②培养专业的计划管理员、跟单员、物流员，制定相关工作流程；③按客户的生产计划及订单编写计划。

生产现场实现目视化管理。

①学习"精益生产"的拉动看板管理；②实施工单管理；③通过培训、招聘的方式提升现场管理者的职业素质；④协助完成现场考核方案。

生产现场5S改善完成初级目标。

①组织员工学习5S管理方法；②组建企业5S推行小组；③制定5S管理标准，并按计划实施验收；④增加专项奖励。

对生产员工进行培训考核，合格率90%。

①树立优秀员工标杆；②按计划完成各项培训任务；③对各工种分类考级，并与工资挂钩；④建立正确的淘汰机制。

图 2-11 打破生产瓶颈 1

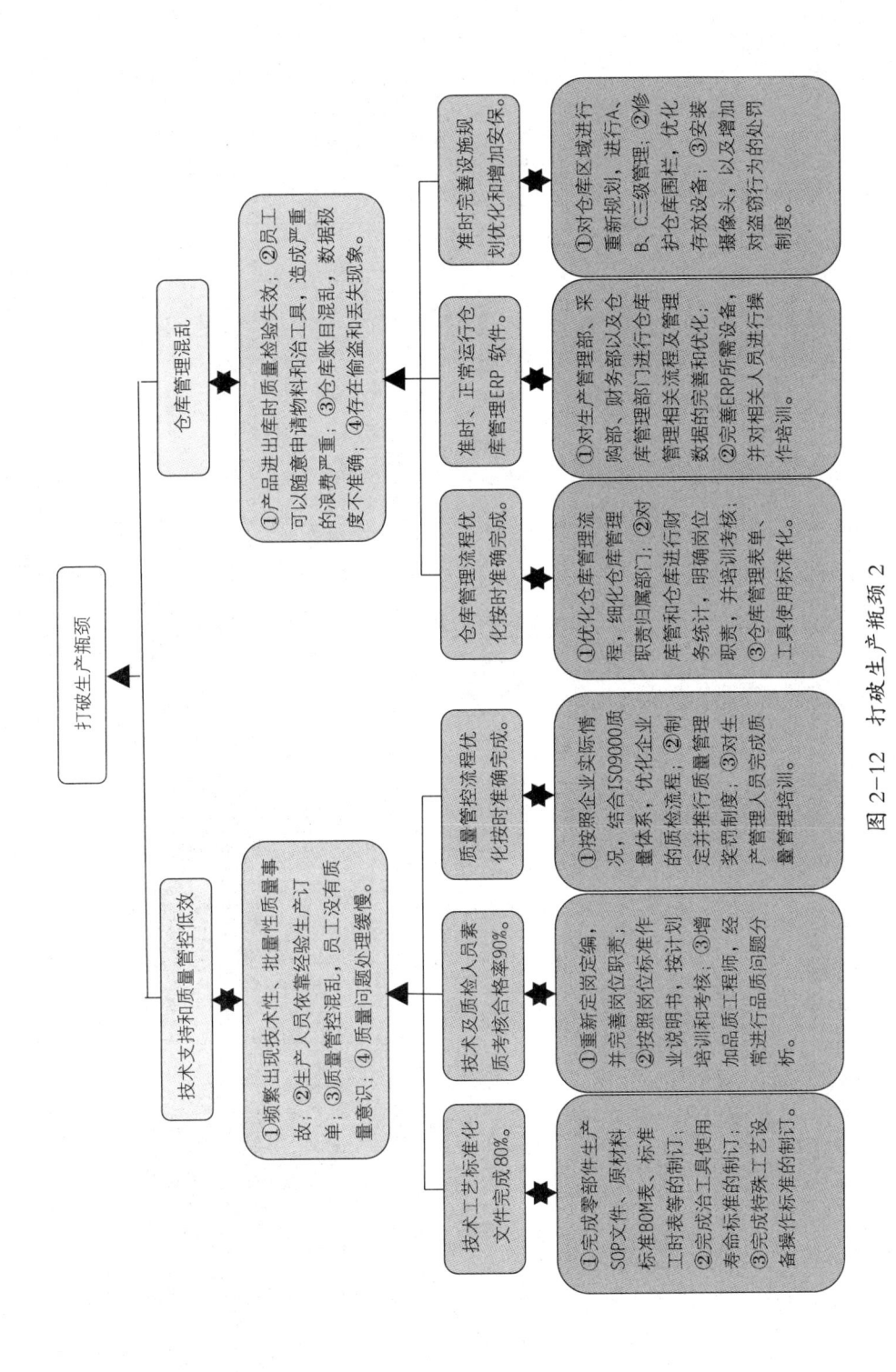

第二篇 突破企业发展瓶颈——聚焦五步骤

打破生产瓶颈

技术支持和质量管控低效

①频繁出现技术性、批量性质量事故；②生产人员依靠经验生产订单；③质量管控混乱，员工没有质量意识；④质量问题处理缓慢。

技术工艺标准化生产文件完成80%。

①完成零部件生产SOP文件、原材料标准BOM表、标准工时表等的制订；②完成治工具使用寿命标准的制订；③完成特殊工艺设备操作标准的制订。

技术及质检人员素质考核合格率90%。

①重新定定岗位编，并完善岗位职责；②按照岗位标准作业说明书，按计划培训和考核；③增加品质工程师，经常进行品质问题分析。

质量管控流程优化按时准确完成。

①按照企业实际情况，结合ISO9000质量体系，优化企业的质检流程；②制定并推行质量管理奖罚制度；③对生产管理人员完成质量管控培训。

仓库管理混乱

①产品进出库时质量检验失效；②员工可以随意申请物料和治工具，造成浪费严重；③仓库账目混乱，数据准确度不准确；④存在偷盗和丢失现象。

仓管管理流程优化按时准确完成。

①优化仓库管理流程，细化仓管管理职责归属部门；②对库管和仓库进行财务统计，明确岗位职责，并培训考核；③仓管报表单、工具使用标准化。

准时、正常运行仓库管理ERP软件。

①对生产管理部、采购部、财务部以及仓库管理部门进行仓库管理相关流程及管理数据的完善和优化；②完善ERP所需设备，并对相关人员进行操作培训。

准时完善设施规划优化和增加安保。

①对仓库区域规划进行重新规划，进行A、B、C三级管理；②修护仓库围栏、优化库存放；③安装增加摄像头，以及增加对盗窃行为的处罚制度。

图2-12 打破生产瓶颈2

141

企业管理聚焦五步骤

打破生产瓶颈

设备维修保养低效
①设备频繁出故障，维修效率极低；②设备使用寿命短；③设备维修成本只升不降；④设备异常导致生产计划被打乱。

- **设备管理责任到人，规则完善。**
  ①按照设备类型，划分第一责任人和维修保养负责人，编写企业《三级保养制度》；②规范设备操作标准，并对相关人员进行培训和考核。

- **设备月故障次数降低到3次。**
  ①按照《设备三级保养制度》，定期组织人员抽查；②建立设备档案，并在生产计划中预留保养时间，并由生产部监督；③更新陈旧设备。

- **设备维修周期控制在1个工作日。**
  ①制定设备维修档案，提升维修效率；②建立设备易损件库存标准；③增加设备维修专业人员；④寻找优质外协厂商，形成战略合作。

团队管理低效
①员工职责不清，权限不明；②年轻员工缺少上升通道；③工资标准混乱，员工抱怨不断；④岗位数量定制不合理；⑤员工工作没激情。

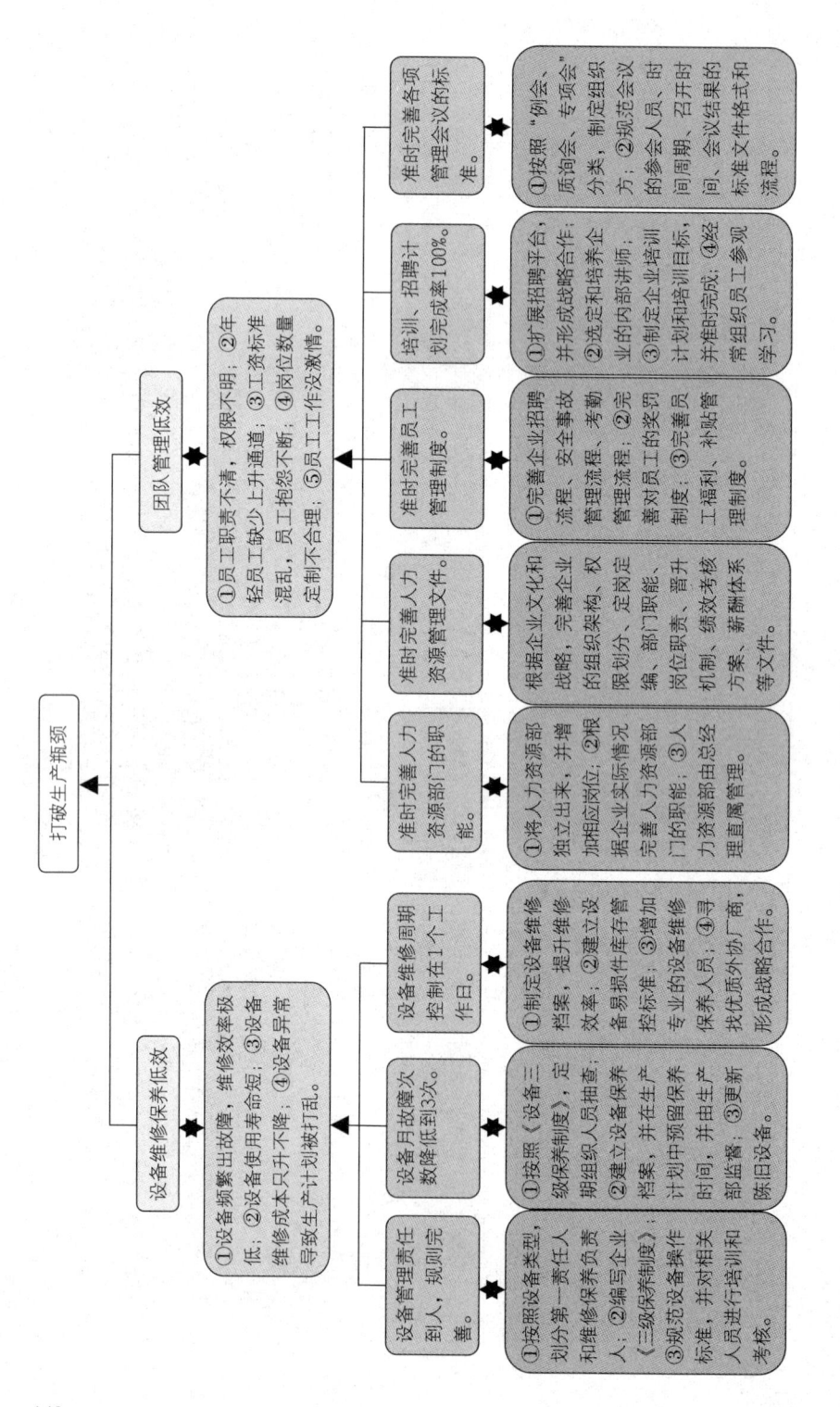

- **准时完善人力资源部门的职能。**
  ①将人力资源部独立出来，并增加相应岗位；②根据企业实际情况完善人力资源部门的职能；③人力资源部由总经理直属管理。

- **准时完善人力资源管理文件。**
  根据企业文化和战略，完善企业的组织架构，权限划分、定岗定编、部门职能、岗位职责、绩效考核机制、晋升方案、薪酬体系等文件。

- **准时完善管理制度。**
  ①完善企业招聘流程、安全事故管理流程、考勤管理流程；②完善对员工的奖罚制度；③完善福利、补贴管理制度。

- **培训、招聘计划完成率100%。**
  ①开展招聘平台合作，并形成战略合作；②选定和培养企业的内部讲师；③制定企业培训计划和培养目标，并准时完成；④经常组织员工参观学习。

- **准时完善各项管理会议标准。**
  ①按照"例会、质询会、专项会"分类，制定组织会议方式；②规范参会人员、时间周期，召开时间，会议结果的标准文件和流程。

图 2-13 打破生产瓶颈 3

142

原因有：产销协调能力差、生产计划管控低效、技术支持和质量管控低效、仓库管理混乱、设备维修保养低效、团队管理低效。

第三步：准确描述限制结果是什么。描述过程中要简洁明了，个别现象除外，并且，一定要有事实证明。通过以上原则，我们进行分析，发现该企业的限制结果有以下各项。关于产销协调差的有：①营销人员向客户承诺时脱离现实，生产安排脱离客户需求；②急单、改单现象较多；③营销部、生产部职责不清；④客户危机公关能力差。关于生产计划管控低效的有：①生产计划不准确；②急单、改单将计划打乱；③生产过程计划管控混乱；④生产现场对计划频繁调整抱怨极高，影响生产稳定。关于技术支持和质量管控低效的有：①频繁出现技术性、批量性质量事故；②生产人员依靠经验生产订单；③质量管控混乱，员工没有质量意识；④质量问题处理缓慢。关于仓库管理混乱的有：①产品进出库时质量检验失效；②员工可以随意申请物料和治工具，造成严重的浪费现象；③仓库账目混乱，数据极度不准确；④存在偷盗和丢失现象。关于设备维修保养低效的有：①设备频繁出故障，维修效率极低；②设备使用寿命短；③设备维修成本只升不降；④设备异常导致生产计划被打乱。关于团队管理低效的有：①员工职责不清，权限不明；②年轻员工缺少上升通道；③工资标准混乱，员工抱怨不断；④岗位数量定制不合理；⑤员工工作没激情。

第四步：针对每一个限制结果，确定改善目标是什么。知道造成影响瓶颈资源的原因以及导致的结果，我们就可以根据企业的实际情况制定出改善目标。通过对该企业的整体经营情况和所在行业的整体情况，我们制定出了各项改善目标。注意，这个改善目标不能用形容词和虚词，要用数据等可量化的方法制定，只有量化了，才能考核，才能确保改善进程。关于产销协调能力差的三个量化目标：①准时完善产销协调机制；②准时建立急单、改单绿色通道；③客户订单流失率降低到5%以下。关于生产计划管控低效的四个量化目标：①生产计划准交率达到95%；②生产现场实现目视化管理；③生产现场5S改善完成初级目标（待5S小组成立后，研究和制定5S改善的三个阶段，并对每个阶段做出明确的量化目标，以及每个阶段的推行计划）；④对生产员工进行培训考核，合格率90%。关于技术支持和质量管控低效的三个量化指标：①技术工艺标准化文件完成80%；②技术及质检人员素质考核合格率90%；③质量管控流程优化按时准确完成。关于仓库管理混乱的三个量化指标：①仓库管理流程优化按时准确完成；②准时、正常运行仓库管理ERP软件；③准时完善设施规划优化和增加安保。关于设备维修保养低效的三个量化指标：①设备管理责任到人，规则完善；②设备月故障次数降低到3次；③设备维修周期控制在1个工作日。关于团队管理低效的五个量化指标：①准时完善人力资源部门的职能；②准时完善人力资源管理文件；③准时完善员工管理制度；④培训、招聘计划完成率100%；⑤准时完善各项管理会议的标准。

第五步：实现改善目标的改善方案是什么？通过聚焦改善分析图，我们确立了一系列的改善目标。围绕这些目标并结合企业的实际能力，设计出符合企业的改善方案。对于先进的管理方法的导入，企业一定要研究明白管理方法的使用环节和资源需求，需要分阶段实施的一定要分阶段实施，切不可盲目效仿社会上流行的管理方法，一定要根据企业的管理基础、资源投入能力来选择。根据案例中该企业的实际情况和资源投入能力，我们设计出最佳的改善方案。

为了实现"准时完善产销机制"的改善方案：①制定产销会议周期及会议流程；②设计产销协调标准工作流程；③信息管理软、硬件升级；④重新定岗定编，调整部门职能。

为了实现"准时建立急单、改单绿色通道"的改善方案：①制定绿色通道工作流程标准；②增加对客户订单的预测和分析工作；③制定跨部门协作流程。

为了实现"客户订单流失率降低到5%以下"的改善方案：①调整营销部门的职能，并增加相应考核；②编写《客户危机公关工作标准说明书》，并增加培训次数；③按计划访问客户，编写客户档案。

为了实现"生产计划准交率达到95%"的改善方案：①导入滚动计划、DBR+BM计划法；②培养专业的计划管理员、跟单员、物流员，制定相关工作流程；③按客户的生产计划及订单编写计划。

为了实现"生产现场实现目视化管理"的改善方案：①学习"精益生产

的拉动看板管理"；②实施工单管理；③通过培训、招聘的方式提升现场管理者的职业素质；④协助完成现场考核方案。

为了实现"生产现场5S改善完成初级目标"的改善方案：①组织员工学习5S管理方法；②组建企业5S推行小组；③制定5S管理标准，并按计划实施验收；④增加专项奖励。

为了实现"对生产员工进行培训考核，合格率90%"的改善方案：①树立优秀员工标杆；②按计划完成各项培训任务；③对各工种分类考级，并与工资挂钩；④建立正确的淘汰机制。

为了实现"技术工艺标准化文件完成80%"的改善方案：①完成零部件生产SOP文件、原材料标准BOM表、标准工时表等的制订；②完成治工具使用寿命标准的制订；③完成特殊工艺设备操作标准的制订。

为了实现"技术及质检人员素质考核合格率90%"的改善方案：①重新定岗定编，并完善岗位职责；②按照岗位标准作业说明书，按计划培训和考核；③增加品质工程师，经常进行品质问题分析。

为了实现"质量管控流程优化按时准确完成"的改善方案：①按照企业实际情况，结合ISO9000质量体系，优化企业的质检流程；②制定并推行质量管理奖罚制度；③对生产管理人员完成质量管理培训。

为了实现"仓库管理流程优化按时准确完成"的改善方案：①优化仓库管理流程，细化仓库管理职责归属部门；②对库管和仓库进行财务统计，明确岗位职责，并培训考核；③仓库管理表单、工具使用标准化。

为了实现"准时、正常运行仓库管理ERP软件"的改善方案：①对生产管理部、采购部、财务部以及仓库管理部门进行仓库管理相关流程及管理数据的完善和优化；②完善ERP所需设备，并对相关人员进行操作培训。

为了实现"准时完善设施规划优化和增加安保"的改善方案：①对仓库区域进行重新规划，进行A、B、C三级管理；②修护仓库围栏，优化存放设备；③安装摄像头，以及增加对盗窃行为的处罚制度。

为了实现"设备管理责任到人，规则完善"的改善方案：①按照设备类型，划分第一责任人和维修保养负责人；②编写企业《三级保制度》；③规范设备操作标准，并对相关人员进行培训和考核。

为了实现"设备月故障次数降低到3次"的改善方案：①按照《设备三级保养制度》，定期组织人员抽查；②建立设备保养档案，并在生产计划中预留保养时间，并由生产部监督；③更新陈旧设备。

为了实现"设备维修周期控制在1个工作日"的改善方案：①制定设备维修档案，提升维修效率；②建立设备易损件库存管控标准；③增加专业的设备维修保养人员；④寻找优质外协厂商，形成战略合作。

为了实现"准时完善人力资源部门的职能"的改善方案：①将人力资源部独立出来，并增加相应岗位；②根据企业实际情况完善人力资源部门的职能；③人力资源部由总经理直属管理。

为了实现"准时完善人力资源管理文件"的改善方案：根据企业文化和战略，完善企业的组织架构、权限划分、定岗定编、部门职能、岗位职责、晋升机制、绩效考核方案、薪酬体系等文件。

为了实现"准时完善员工管理制度"的改善方案：①完善企业招聘流程、安全事故管理流程、考勤管理流程；②完善对员工的奖罚制度；③完善员工福利、补贴管理制度。

为了实现"培训、招聘计划完成率100%"的改善方案：①扩展招聘平台，并形成战略合作；②选定和培养企业的内部讲师；③制定企业培训计划和培训目标，并准时完成；④经常组织员工参观学习。

为了实现"准时完善各项管理会议标准"的改善方案：①按照"例会、质询会、专项会"分类，制定组织方；②规范会议的参会人员、时间周期、召开时间、会议结果的标准文件格式和流程。

接下来，我们绘制项目推进图。当该图绘制完成后，我们就等于拥有了项目实施方案、项目推行计划和项目管控工具。

第一步，组织企业改善项目委员会，讨论制定项目推进图的名称和项目周期，项目推进图名称为："××企业卓越发展项目推进图"，项目周期为："2016年3月1日至2016年10月1日"。填写结果如图2-14所示。

| ××企业卓越发展项目推进图 | 项目周期：2016 年 3 月 1 日至 2016 年 10 月 1 日 |

图 2-14　制定项目推进图的名称和项目周期

第二步，组织企业改善项目委员会，讨论制定项目推进图的项目目标。通过项目改善目标，讨论并确定项目经理、项目委员、检查人，以及外聘的指导老师。项目目标为："打破生产瓶颈"；由董事长提名，一致选举公司生产副总经理张三为项目经理，项目委员由营销部经理李四、生产部经理王五、技术工艺部经理赵六、质检部经理孙七、设备部经理周八、人力资源部经理吴九、财务部经理郑十担任。项目检查人由企业总经理刘一担任，外聘老师：仲杰老师。填写结果如图 2-15 所示。

××企业卓越发展项目推进图				项目周期：2016 年 3 月 1 日至 2016 年 10 月 1 日		
项目名称：打破生产瓶颈	项目经理：张三	项目委员：李四、王五、赵六、孙七、周八、吴九、郑十	辅导老师：仲杰	检查人：刘一

图 2-15　确定项目名称及相关负责人

第三步，组织企业改善项目委员会，根据聚焦改善图中的限制原因，经过讨论制定出分项目标。分项目标分别为："产销协调高效、无差错，生产计划管控有效，提升技术支持和质量管控效率，仓库管理有序，设备维修保养全面、有序，提升团队管理效率"。审核人由分目标的牵头部门的目标经理担任，他们同时也是企业的项目委员。阶段目标就是聚焦改善图中的改善目标。督查人由可以沟通调动阶段目标所需资源的员工骨干担任，重要的阶段目标由企业的中高层管理人员担任，其中包括项目委员和项目经理。实施结果定义根据企业的改善方案来制定，其内容是由实际操作者进行承诺。然后，由监督人审核通过后最终确定下来，承诺的结果一定要能够量化考核。责任人就是实际执行人员，就是承诺人，一般不要超过两个人。填写结果如表 2-15 所示。

表 2-15　　　　　　　　　　　　　　　　　　　　打破生产瓶颈的具体方案

项目名称：打破生产瓶颈					项目经理：张三	
序号	分项目标	审核人	阶段目标	督查人	实施结果定义	责任人
1	产销协调高效、无差错。	刘一	准时完善产销机制。	李四	及时、无差错地完成产销协调会议周期和会议流程。	行政部王管理专员
2					及时、无差错地完成设计产销协调标准流程。	生产部李计划员
3					及时、无差错地完成信息管理和软硬件升级。	网络工程师李××
4					准时协助人力资源部完成营销部定岗定编及部门职能文件的编写。	营销部助理张××
5					准时协助人力资源部完成生产部定岗定编及部门职能文件的编写。	生产部助理赵××
6			准时建立急单、改单绿色通道。	王五	准时完成绿色通道流程运行标准文件及表单的编写。	生产计划管理员李××
7					准时、无差错地完成客户订单的预测工作流程及岗位职责等文件的编写。	营销部助理张××
8					准时组织完成制订跨部门协助流程制度的编写。	行政部王经理
9			客户订单流失率降低到5%以下。	李四	准时完成营销部人员的绩效考核方案。	李四
10					准时完成《客户危机公关工作标准说明书》文件的编写。	李四
11					根据《客户危机公关工作标准说明书》文件，按计划完成培训工作，并确保全员考核通过。	吴九
12					按计划定期访问客户，并准时编写客户档案。	营销部助理张××

续表 2-15

项目名称：打破生产瓶颈					项目经理：张三	
序号	分项目标	审核人	阶段目标	督查人	实施结果定义	责任人
13	生产计划管控有效。	王五	生产计划准交率达到95%。	李××	根据滚动计划和DBR+BM计划编写方法，准时完成新计划的编写，并报部门经理审核、生产副总经理审批通过。	生产计划管理员李××
14					编写生产部岗位分工和工作流程，并进行招聘和培训工作，确保岗位考核合格。	吴九
15					定期准时获取客户更新的生产计划，并交生产部签收。	营销部助理张××
16			生产现场实施目视化管理。	生产部刘××	组织管理人员准时完成"精益生产的拉动看板管理"，并确保全员考试合格。	人力资源部田经理
17					准时完成工单设计，并确保部门经理审核、生产副总经理审批通过。	生产计划管理员李××
18					准时完成工单管理的导入，确保导入过程无差错。	生产计划管理员李××
19					完成对生产现场管理人员的招聘和系统培训，确保岗位考核合格。	吴九
20					编写现场考核意见稿，并准时完成。	王五
21			生产现场5S改善完成初级目标。	王五	组织生产管理相关人员学习5S管理方法，并确保考试通过率达到95%。	吴九
22					准时完成5S推行小组的组建，并准时完成小组职责划分和管理制度。	王五
23					准时完成5S推行计划的编写，并报总经理审核通过。	生产部助理赵××
24					准时完成5S推行活动、激励考核奖罚制度，并报总经理审核通过。	王五

续表 2-15

项目名称：打破生产瓶颈						项目经理：张三	
序号	分项目标	审核人	阶段目标	督查人	实施结果定义		责任人
25	生产计划管控有效。	王五	对生产员工进行培训和考核，合格率达到90%。	吴九	准确完成制定对优秀员工的选拔制度，并对之进行公开表彰和物质奖励。		吴九
26	^	^	^	^	设计对生产相关人员的培训计划，并准时完成，确保考核合理率达到90%。		吴九
27	^	^	^	^	重新设计生产技术员工的"晋升机制"和工资体系，确保准时完成。		吴九
28	提升技术支持和质量管控效率。	孙七	技术工艺标准化文件完成80%。	技术工艺部陈总工程师	准时完成SOP和BOM表、标准工时、标准文件的编写。		陈总工程师
29	^	^	^	^	准时完成治工具使用寿命标准的制订。		唐技术员
30	^	^	^	^	准时完成特殊工艺设备操作标准指导书的编写。		唐技术员
31	^	^	技术及质检人员素质考核合格率达到90%。	吴九	对技术部、质检部进行岗位分析，重新进行定岗定编，并编写岗位职责说明书，确保准时完成，报总经理审核通过。		人力资源部、技术工艺部、质检部经理
32	^	^	^	^	准时完成人员的选拔和招聘，并按岗位说明书培训，确保岗位考核合格。		人力资源部田经理
33	^	^	质量管控流程优化按时准确完成。	孙七	准时完成企业质量管理流程设计，并报总经理审核通过。		孙七
34	^	^	^	^	准时完成质量奖罚制度的编写，上报总经理审核后推行，确保无差错。		孙七
35	^	^	^	^	组织生产管理人员进行质量素质培训，确保考试合格率达到100%。		吴九

续表 2-15

项目名称：打破生产瓶颈					项目经理：张三	
序号	分项目标	审核人	阶段目标	督查人	实施结果定义	责任人
36	仓库管理有序。	王五	仓库管理流程优化准时完成。	王五	准时完成仓库管理流程文件，重新设定仓库管理职责归属部门，并报总经理审核通过。	王五
37					组织库管和仓库财务统计人员进行岗位培训，确保岗位考核合格。	吴九
38					根据仓库管理新流程，准时完成表单和工具设计，报财务部、生产部经理审核通过，确保使用无差错。	生产部助理赵××
39			准时完成导入仓库管理ERP软件，使用无故障。	网络工程师李××	准时完成ERP软、硬件供应商评审，确保供应商准时供应。	采购部宋经理
40					准时完成软件相关使用人员的操作培训，确保考核合格率100%。	网络工程师李××
41					组织财务部、生产部、仓管准时完成仓库盘点和现场数据统计。	郑十
42			准时完善设备规划优化和增加安保。	王五	根据仓库ABC管理法，重新设计仓库布局，确保生产副总经理审核通过。	王五
43					按照仓库布局图以及安保设备安装要求，准时完成施工任务。	设备部
44					编写仓库管理行政制度，确保总经理审核通过、企业人员全部知晓。	行政部王经理

续表 2-15

序号	分项目标	审核人	阶段目标	督查人	实施结果定义	责任人
	项目名称：打破生产瓶颈				项目经理：张三	
45	设备维修保养全面、有序。	周八	设备管理责任到人，完善规章制度。	生产部刘经理	准时完成设备第一责任人、维修保养责任人的确立，并在设备上标识。	生产部助理赵××
46					准时完成《企业三级保养制度》，并报生产副总经理、总经理审核通过。	周八
47					定期组织员工学习设备保养的操作知识，考核合格率100%。	技术工艺部王工程师
48			设备月故障次数降低到3次。	周八	准时按照《设备三级保养制度》，组织人员抽查，并将结果上报人力资源部，作为月度工资绩效考核数据。	行政部王经理
49					设备部准时完成设备档案记录，建立抽查制度，确保无未完成的事情。	行政部王经理
50					准时完成对设备的评估，有问题的设备按流程申请报废，并报采购部采购。	周八
51					准时完成设备易损件库存标准的制定，报总经理审核后组织采购。	周八
52			设备维修周期控制在1个工作日内。	周八	准时完成对设备维修专业人员的招聘，确保岗位考核合格。	吴九
53					制定外协战略合作制度，并准时完成与外协厂商的战略签约。	周八

续表 2-15

项目名称：打破生产瓶颈					项目经理：张三	
序号	分项目标	审核人	阶段目标	督查人	实施结果定义	责任人
54	提升团队管理效率。	吴九	准时完善人力资源部门的职能。	吴九	准时完成人力资源部的岗位评定和职责编写，报请总经理审核通过。	吴九
55	^	^	^	^	准时完成人力资源部的人员补充和上岗培训，确保岗位考核合格。	吴九
56	^	^	准时完善人力资源管理文件。	吴九	组织企业管理高层准时完成对企业文化的提炼和企业战略规划的编写。	吴九
57	^	^	^	^	根据对企业文化、战略信息的收集，准时完成《企业人力资源管理手册》的编写，确保总经理审核通过。	人力资源部
58	^	^	准时完善员工管理制度文件。	行政部王经理	准时完成企业招聘、安全卫生管理、考勤管理流程的文件，确保总经理审核通过，实施无差错。	行政部王经理
59	^	^	^	^	准时完成对员工行为、贡献、事故的奖惩和处理制度。	行政部王经理
60	^	^	^	^	准时完善员工福利、奖金、补贴制度。	行政部王经理
61	^	^	培训、招聘计划完成率100%。	吴九	组织评审招聘服务机构，签订战略合作协议，确保准时完成。	吴九
62	^	^	^	^	准时完成对企业内部讲师聘用制度的制定，准时完成对首批人员的选拔。	吴九
63	^	^	^	^	制定企业培训计划和培训目标文件，确保准时完成。	吴九
64	^	^	^	^	确保培训、参观学习准时完成，考核全合格。	吴九
65	^	^	准时规范各项管理会议的标准制度。	行政部王经理	准时完成各项管理会议的标准规范流程设计等管理文件。	行政部王经理
66	^	^	^	^	确保无违反会议管理制度的情况发生。	行政部王经理

第四步，该步骤是整个计划的制定与实行过程的管控。对于已经确定的工作结果，并且，也有了明确的执行人，这个时候就需要执行人按照改善项目的实际需要及自身的实际情况，合理地以周为单位安排每一周的工作内容和要得到的工作结果。这个时候，就要完成项目推进图的"过程节点定义环节"。注意，每一周完成的结果必须依然按照可量化考核的方式填写，而且，是由责任人来填写承诺，并在后面的"执行基金"中承诺未实现时愿意交付项目委员会的罚款金额。表2-16是其中的一部分内容。

第五步：在表2-16中，没有填写文字的地方代表该时间段暂时不开始该项工作，有完成描述的代表该项工作任务已完成。"过程节点结果定义"中所描写的结果，必须在没有开展项目工作之前由责任人填写。特殊情况可以推后填写，但必须在工作没有开展之前填写。否则，就失去了目标管理和计划管理的实际意义。在改善项目开始推行的过程中，企业要以周为单位开展"项目质询会"。在会议上，总经理或董事长听取项目的推进情况，并由各执行责任人汇报计划的完成情况，没有按照项目推进图承诺的时间节点完成工作结果的责任人将在现场上交自己承诺的罚金。如果责任人没有完成承诺的事情，就需要在项目推进图上将未完成的任务结果标成红色字体；然后，按照项目推进图的填写要求填写后面的内容。

（五）回到第一步，重新开始

持续改善聚焦五步骤的第四步——打破系统瓶颈资源，是持续改善攻坚战中的最后一役，通过该步骤的改善要将现阶段的瓶颈消灭掉。由于瓶颈是永远都会存在的，只不过它会以不同的方式存在。当旧的瓶颈消灭了，紧接着，新的瓶颈就会出现。这时，企业就需要对新瓶颈进行改善，而对新瓶颈的改善也依然要从持续改善聚焦五步骤的第一步开始。请注意：消灭瓶颈的过程就是发展的过程，对于一个希望发展的企业来说，不要怕任何瓶颈的阻碍，只怕惰性和胆怯，这才是最可怕的，才是最难逾越的困难。

表2-16 过程节点定义环节的部分内容

分项目标	审核人	阶段目标	督查人	实施结果定义	责任人	过程节点结果定义							执行基金
							第1周	第2周	第3周	第4周	第5周	第6周	第7周	
产销协调高效、无差错。	刘一	准时完善产销机制。	李四	及时、无差错地完成产销协调和会议流程。	行政部王管理专员	完善数据信息，收集文件和方案，报审通过。	编写产销协调流程草稿，报审通过。	对实施过程调整，确立最终制度并报审通过。					罚款10元。
				及时、无差错地完成产销协调标准流程。	生产部李计划员	协助部门经理完成任务。	协助部门经理完成任务。	协助部门经理完成任务。	监督产销协调机制的运行，并准时完成评价。				罚款10元。
				及时、无差错地完成信息管理的升级。硬件流程。	网络工程师李××	设计软件升级方案，报审通过。	组织供应商进行评审，准时转交采购部采购。	配合供应商准时完成安装，培训工作。	组织验收，无误差完成。				罚款10元。
				准时协助人力资源部完成对营销部岗位及部门职能的文件编写。	营销部助理张××	按人力资源部要求，准时完成岗位定编。	按人力资源部要求，完成两个岗位的职责编写。	按人力资源部要求，完成两个岗位的职责编写。	完成。				罚款20元。
				准时协助人力资源部完成对生产部岗位及部门职能文件的编写。	生产部助理赵××	按人力资源部要求，准时完成岗位定编。	按人力资源部要求，完成两个岗位的职责编写。	按人力资源部要求，完成两个岗位的职责编写。	按人力资源部要求，完成两个岗位的职责编写。	完成。			罚款20元。

续表 2-16

分项目标	审核人	阶段目标	督查人	实施结果定义	责任人	过程节点结果定义							执行基金
							第1周	第2周	第3周	第4周	第5周	第6周	第7周	
产销协调高效、无差错。	刘一	准时建立急单、改单绿色通道。	王五	准时完成绿色通道流程的运行标准文件及表单的编写。	生产计划管理员李××	召开各部门会议，探讨绿色通道模型，报审通过。							罚款10元。
				准时、无差错地完成对客户订单的预测工作。	营销部助理张××	完成。	完成。						罚款10元。
				准时组织完成制订跨部门协助流程的编写。	行政部王经理				召开各部门会议，探讨部门协助流程，报审通过。	完成。			罚款10元。

续表 2-16

分项目标	审核人	阶段目标	督查人	实施结果定义	责任人	过程节点结果定义							执行基金
^	^	^	^	^	^	第1周	第2周	第3周	第4周	第5周	第6周	第7周	^
产销协调高效、无差错。	刘一	客户订单流失率降低到5%以下。	李四	准时完成对营销部人员的绩效考核方案，报总经理审核通过。	李四				完成。				罚款10元。
^	^	^	^	准时完成《客户危机公关工作标准说明书》文件的编写。	李四				完成初稿，报总经理审核后按要求修改。	完成。			罚款10元。
^	^	^	^	根据《客户危机公关工作标准说明》文件，按计划完成培训工作，并确保全员考核通过。	吴九						完成。		罚款10元。
^	^	^	^	按计划定期访问客户，并准时编写客户档案。	营销部助理张××						编写客户档案格式，并报总经理审核通过。	完成。	罚款10元。

157

图书在版编目（CIP）数据

企业管理聚焦五步骤/仲杰著．－－北京：企业管理出版社，2017.6

ISBN 978-7-5164-1453-8

Ⅰ．①企… Ⅱ．①仲… Ⅲ．①企业管理 Ⅳ．① F272

中国版本图书馆 CIP 数据核字 (2017) 第 005891 号

书　　名：	企业管理聚焦五步骤
作　　者：	仲　杰
责任编辑：	宋可力
书　　号：	ISBN 978-7-5164-1453-8
出版发行：	企业管理出版社
地　　址：	北京市海淀区紫竹院南路17号　邮编：100048
网　　址：	http://www.emph.cn
电　　话：	编辑部（010）68416775　发行部（010）68701816 总编室（010）68701719
电子信箱：	qygl002@sina.com
印　　刷：	中煤（北京）印务有限公司
经　　销：	新华书店
规　　格：	710mm×1000mm　1/16　10.5印张　161千字
版　　次：	2017年6月第1版　2017年6月第1次印刷
定　　价：	39.80元

版权所有　翻印必究·印装有误　负责调换